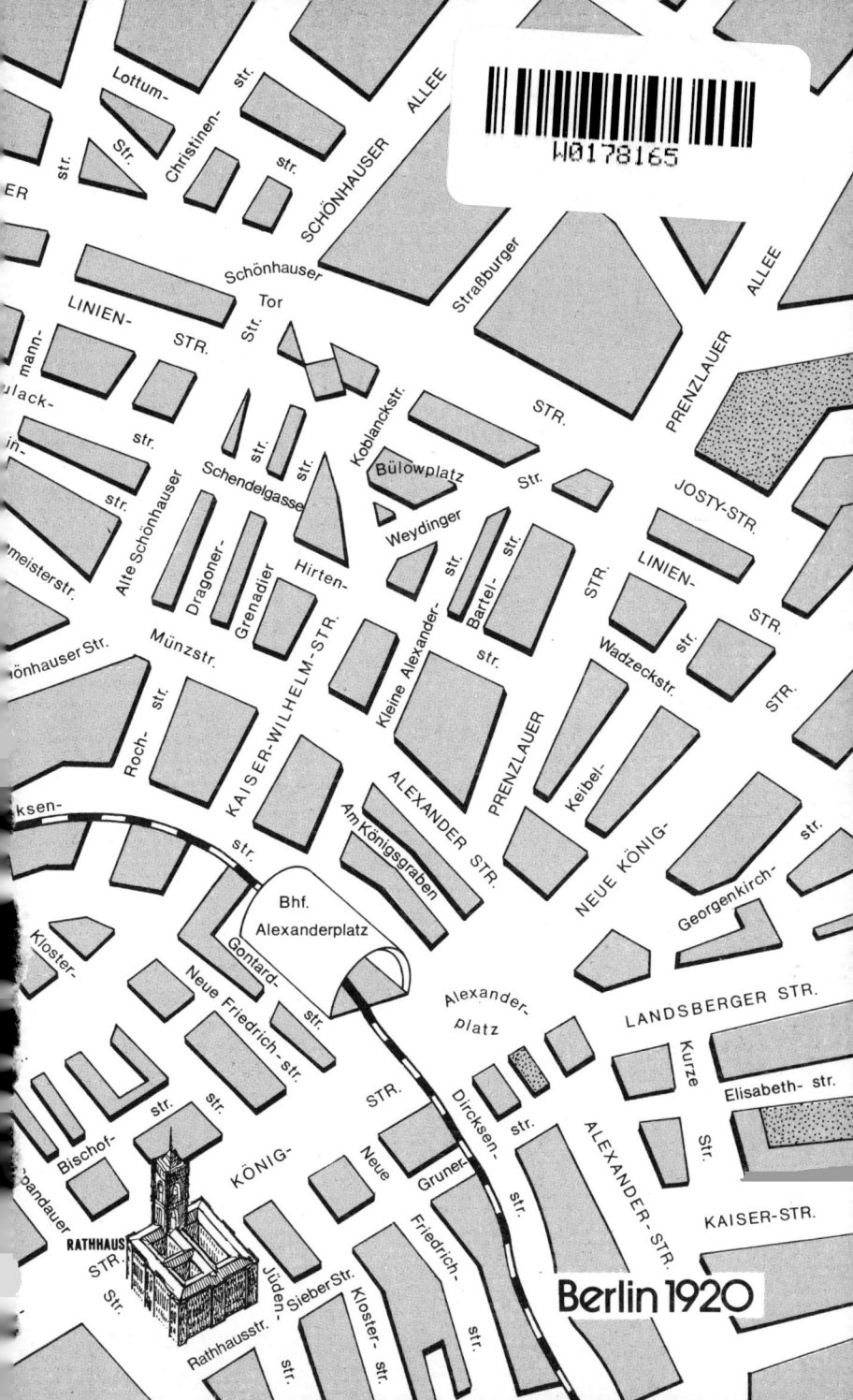

Berlin 1920

Hans Pollak
Tatort Mulackritze

Hans Pollak

Tatort
Mulackritze

**Berliner Unterwelt
in den zwanziger Jahren**

EDITION
SCHEUNENVIERTEL

Bildnachweis:

Polizeihistorisches Museum Berlin   (Seiten 37, 47, 61, 69, 72, 73, 87, 129, 136, 180, 181, 187)
Archiv des Autors   (Seiten 55, 110, 111, 145, 169, 183)
Bundesarchiv Koblenz   (Seiten 19, 168)
Archiv des Verlags   (Seiten 11, 135, 137)
Werner Schulze   (Seite 189)

ISBN 3-355-01398-6

© Verlag Neues Leben GmbH, Berlin 1993
Umschlaggestaltung: Ingrid Engmann unter Verwendung eines Fotos
© Bildarchiv Preußischer Kulturbesitz, Berlin 1993
Lichtsatzherstellung: DBC Druckhaus Berlin-Centrum
Lithographie: SWS Repro GmbH, Wiesbaden
Druck und buchbinderische Weiterverarbeitung:
Chemnitzer Verlag u. Druck GmbH, Werk Zwickau
Gedruckt auf FORTUNA-Pegasus
Steinbeis Temming Papier
GmbH & Co Glückstadt

Die Geburtsstunde

Man schreibt das Jahr 1890. In Deutschland hat der einunddreißigjährige Kaiser Wilhelm II. gerade den unbequem gewordenen Reichskanzler Otto von Bismarck abgesetzt. Die Öffentlichkeit hat ihr großes Thema.

Im allgemeinen Tageslärm entgeht der Presse und der Polizei, wie im Hinterzimmer einer Berliner Kellerkneipe die Geburtsstunde des organisierten Verbrechens in Deutschland schlägt. Der Schauplatz des Geschehens heißt Schnurrbartdiele. Der Standort ist heute nicht mehr genau zu ermitteln, er lag irgendwo zwischen dem Schlesischen und dem Stettiner Bahnhof (heute Hauptbahnhof und Nordbahnhof). Die Wahrscheinlichkeit spricht für das seinerzeit übel beleumdete Scheunenviertel.

Der Kneipenbesitzer ist ein geschäftstüchtiger Mann. Der Name seiner Bouillon-Budike spielt auf den Gesichtsschmuck des deutschen Kaisers an. Der einunddreißigjährige Monarch, vom Volk schlicht Lehmann genannt, trägt einen hochgezwirbelten Schnurrbart der Form „Es ist erreicht". Millionen deutsche Männer, arme wie reiche, ahmen das nach. So fühlt man sich in einer Kneipe namens Schnurrbartdiele gut aufgehoben.

Im Hinterzimmer des Kellerlokals sitzen an diesem Augustabend des bewegten Jahres 1890 ein Dutzend Männer besten Alters bei Bier und Korn zusammen – mit und ohne Bart. Sie kennen sich aus dem Knast. Ein stiernackiger Typ erhebt sich aus ihrer Mitte. „Brüder, wir haben gesessen, weil wir gestanden hatten. Jetzt wollen wir uns erheben!" Beifall, Gelächter und Gläserklirren. Die Versammelten haben jedes Wort der Anspielung verstanden. An den blankgescheuerten Tischen der Schnurrbartdiele mögen gut und gern 100 Jahre Arbeitshaus, Gefängnis und Zuchthaus versammelt sein. Soeben haben sie einen Verein gegründet, der ihnen den Rückfall ins gewohnte Leben erleichtern soll – den Verein ehemaliger Strafgefangener e. V. Er wird zur Keimzelle der späteren Bruderschaften der Berliner Unterwelt – der Ringvereine.

Es sind erfahrene Einbrecher, Diebe und Gauner, die da an der Gestaltung ihrer Zukunft wirken wollen. Aber auch gescheiterte bürgerliche Existenzen: Spekulanten, Schieber, Winkeladvokaten, große und kleine Halunken, die in den Gründerjahren nach dem Deutsch-Französischen Krieg von 1870/71, in dem nach Deutschland fließenden Strom von 5 Milliarden Goldfrancs Kriegskontributionen im Trüben gefischt hatten und dabei ertappt worden waren.

Sie haben allesamt ihre „Jemmchen" (Jährchen) abgesessen, meist „auf einer Backe". Aus welcher Verwahranstalt sie auch kommen, der jeweilige Direktor hat ihnen bei der Entlassung mahnende Worte und fromme Sprüche mit auf den Weg gegeben. Sie sollen in der wiedererlangten Freiheit ein „neues bürgerliches Leben" beginnen.

Das war leicht gesagt. Da standen sie nun vor den Portalen und Mauern mit einem Bündel Habseligkeiten unterm Arm, mit ein paar Märkern in der Tasche, die vom Verdienst fürs Tütenkleben, Tischlern, Korbflechten oder von anderen Beschäftigungen übriggeblieben waren. Und nun keine Menschenseele, die draußen wartete und ihnen half, sich zurechtzufinden im „neuen, bürgerlichen Leben". Da ließen auch reuige Sünder alle guten Vorsätze fahren, wurden bei nächster Gelegenheit erneut vom Gendarm an die Longe (Knebelkette) genommen – und der Kreis schloß sich. Ein Teufelskreis von immer länger währenden Zwangsaufenthalten hinter Gittern. Dem wollten sie abhelfen.

Allerdings war die Chance für einen glatten Einstieg in ein neues Leben minimal bemessen. Die Masse der einmal straffällig Gewordenen scheiterte an den Schranken, welche die nach eigenem Verständnis „bessere Gesellschaft" errichtet hatte – mit Verordnungen und Leumundszeugnissen, Etiketten und Standesdünkel. Wer einmal aus dem Blechnapf fraß, gehörte zur Unterwelt, klassifiziert als Abschaum, der auf dem Nährboden von Kaschemmen und Spelunken, Absteigen und Bordellen gedieh. Da suchte er gern Anschluß an seinesgleichen.

„Nur eine große Stadt, wo das Verbrechen sich systematisch, nach bestimmten praktischen Regeln und Kunstgriffen ausgebildet hat, kann eine, fast möchte man sagen, organisierte Diebeswelt besitzen. So ist es in Berlin. Die gestraften Individuen, von der Gesellschaft verstoßen, aller bürgerlichen Vorzüge beraubt und der polizeilichen Disziplinargewalt in jedem Augenblick verfallen, sind hierdurch selbstredend auf den Verkehr unter sich oder unter Gleichgesinnten angewiesen. Daher haben sie ihre bestimmten Orte, wo sie zusammenkommen, ihre bestimmten Dirnen, mit denen sie leben, ihre bestimmten Gaunerausdrücke, in welchen ihre Rede sich bewegt. Daher kennen sie auch alle einander persönlich, und diese persönliche Bekanntschaft wird durch das öftere Zusammensitzen in Kriminal- oder Polizeigefängnissen, im Arbeits- und Zuchthause immer neu und frisch erhalten. Gerade diese, durch unsere Gesetze und Einrichtungen herbeigeführte Isolierung der Verbrecherwelt, die gewaltsame Absperrung von dem moralisch gesunden Theile des Volkes ist aber die Hauptursache der steigenden Zunahme der Verbrecher, weil hierdurch die Quellen des rechtlichen Broterwerbs verstopft und nicht blos hierdurch, sondern durch schädliche Gesellschaft der Bestraften unter sich selbst immer neue Anreize zu Angriffen auf fremden Gut gegeben werden." So das Urteil von Ernst Friedel (1837–1918), Direktor des Märkischen Provinzial-Museums (heute Märkisches Museum), dem besten Berlin-Kenner seiner Zeit, im Jahre 1882.

Knastbrüder werden Vereinsbrüder

Der Verein ehemaliger Strafgefangener von 1890 meldete sich polizeilich an und ließ sich im Berliner Vereinsregister eintragen. Offiziell konzentrierte sich die Vereinsarbeit auf Bewahrung Vorbestrafter vor einem Rückfall und auf die körperliche Ertüchtigung seiner Mitglieder. Gepflegt wurde vor allem sportliches Ringen. Doch Sport war seinerzeit – um einen preußischen Minister zu zitieren – eine „Albernheit für Sektierer". Und gar das Gerangel schwitzender Männer auf der Matte galt in besseren Kreisen als eine besonders verabscheuungswürdige „barbarische Unart". Der Klub der Außenseiter, die sich von Knast- zu Vereinsbrüdern aufgeschwungen hatten, handelte sich damit die geringschätzige Bezeichnung Ringverein ein. Ein Begriff, der im Laufe der Jahrzehnte eine völlig andere Bedeutung erlangen sollte.

Das Beispiel machte in der Kriminellen-Szene alsbald Schule. Bis zum Jahre 1918 entstanden die Vereine Glaube Liebe Hoffnung, Osten 1909, Hand in Hand, Friedrichstadt, Deutsche Kraft 1895, Rosenthaler Vorstadt und Norden 1891. Verbindungen, die vorgaben, ausschließlich Geselligkeit, Vergnügen, Sport oder Männergesang zu pflegen, was im kleinbürgerlichen Milieu jener Zeit große Mode war.

Der Zusammenbruch des Kaiserreiches und der bürgerlichen Ordnung am Ende des ersten Weltkrieges, begleitet von wirtschaftlichem Chaos und sozialer Zerrüttung, führt zu wachsender Kriminalisierung in den Zentren der jungen Weimarer Republik. Vor allem in Berlin.

1920 werden sieben umliegende Städte, 59 Landgemeinden und 27 Gutsbezirke zu Groß-Berlin vereinigt. Dieser Stadt-Moloch beherbergt in 20 Bezirken, auf einer Gesamtfläche von 87 810 Hektar, mehr als dreieinhalb Millionen Menschen. Berlin ist nun eine der größten Städte der Erde – gleichermaßen gepriesen und geschmäht als Weltstadt der Lüste, als deutsches Chikago.

Ackerstraße und Mulackritze werden zu festen Begriffen. Ritze ist ein Berliner Ausdruck für die engen Straßen im Scheunenviertel. So nennt der Volksmund die Steinstraße Steinritze und die Mulackstraße Mulackritze. Die Kriminalität gehört dort zur Tradition. Berlins Bänkelsänger wußten schon zur Jahrhundertwende:

> „In der Mulackstraße zehn
> Ist ein großer Mord geschehn.
> Hat 'ne Mutter da ihr Kind,
> Mit 'ne Jabel umjebringt.
> Als sie so bei Tische saßen,
> Bockwurst mit Kartoffeln fraßen,
> Zankten sie sich wie die Raben,
> Wer das größte Stück soll haben,
> Und es sprach der kleine Paul:
> Mutter hat det größte Maul!
> Und die Mutter, wie gemein,
> Sperrt den Paul in'n Keller ein.
> Und der Paul fängt an zu toben,
> Er will wieder mit nach oben.

Es fing so harmlos an: Berliner Ringverein 1897

Und der Mutter, welch ein Graus,
Streckt der Paul die Zunge raus.
Und die Mutter nahm die Jabel,
Pickt den Paule in sein' Nabel.
Und die Wand, die frisch tap'ziert,
War mit Paul sein Blut beschmiert.
Man stellt sie vorn'n Tribunal,
Man das Mords ihr anbefahl.
Und man setzt sie auf 'nen Stuhl,
Wo der Kopf herunterfuhl.
Die Moral von der Geschichte:
Zankt mit euren Kindern nichte.
Sonst ergeht es euch, oh Graul,
Wie der Mutter von dem Paul."

Der Mord in der Ackerstraße

Die Ackerstraße, die sich jenseits der Elsässer Straße an das Scheunenviertel anschloß, erlangte in jener Zeit traurige Berühmtheit als Schauplatz eines der grausigsten Verbrechen in der Berliner Kriminalgeschichte:

Am 11. Juni 1904 machen zwei städtische Abfischer, die allmorgendlich die Spree von Unrat säubern, in der Höhe des Reichstagsufers einen gräßlichen Fund. In den trüben Fluten treibt der in Packpapier und Kleidungsstücke gewickelte Leichnam eines Kindes. Zerstückelt, ohne Kopf und Gliedmaßen. Erst Tage später werden der Kopf und die übereinander geschnürten Arme im Charlottenburger Verbindungskanal, die abgetrennten Beine an der Sandkrugbrücke und beim Schiffbauerdamm aus dem Wasser geborgen.

Schon am ersten Fundort stellt die Polizei fest, daß es sich um die neunjährige Lucie Berlin, Tochter eines Zigarrenmachers aus der Ackerstraße 130, handelt. Das seit zwei Tagen vermißte Kind war einem Sexualverbrechen zum Opfer gefallen. Eine Tat, die ganz Berlin in Entsetzen stürzt. Für die Aufklärung schreibt der Polizeipräsident eine Belohnung von 1000 Mark aus, eine für damalige Verhältnisse ungewöhnlich hohe Summe. Die Kriminalkommissare Wanowski und Wehn müssen eine Unzahl verwirrender und widersprüchlicher Zeugenaussagen bearbeiten. Unbeliebte Nachbarn werden verdächtigt. Es kommt zu einer Verhaftung, aber es ist der falsche Mann.

Bei der zeitraubenden Vernehmung der Bewohner des Hauses Ackerstraße 130 (fast 100 Familien hausen in der vierstöckigen Mietskaserne), stoßen die Beamten auf die zweiunddreißigjährige Prostituierte Johanna Liebetruth und deren Untermieter und Beschützer Theodor Berger. In einem Anfall von Eifersucht sagt die Frau aus, sie sei am Morgen des Leichenfundes aus dem Gefängnis Barnimstraße nach Hause zurückgekehrt. Sie habe eine kurze Strafe wegen Beleidigung eines Kunden verbüßt und sofort gespürt, daß ihr Freund in der Zwischenzeit „mit 'ner Schnecke jepennt" haben mußte: „Er jab et ja ooch zu, und denn wollt'a ma einreden, er hätte der Schlampe mein kleenen Reisekorb jejeben, weil'a keene Flöhe hatte." Mit den Flöhen meint sie Geld.

Berger ist inzwischen aufgrund anderer Zeugenaussagen in Haft. Hausbewohner wollen sein „geiles Interesse" an Lucie Berlin beobachtet und zur angenommenen Mordzeit „merkwürdige schleifende Geräusche und Poltern" in der Liebetruth-Wohnung bemerkt haben. Eine Straßendirne gibt zu Protokoll, in der Morgendämmerung des 11. Juni am Reichstagsufer einen Mann gesehen zu haben, der „ein großes viereckiges Paket trug und einen schwarzen Hund an der Leine führte". Die Beschreibung paßt auf Berger, der auch einen solchen Hund besitzt.

Das Paket wird schließlich als der Reisekorb identifiziert, den jener angeblich verschenkte. Ein Kahnschiffer hatte das corpus delicti aus dem Berliner Humboldthafen gefischt. An dem Korb befinden sich Blutspuren und Reste von Papier, identisch mit der Verpackung der Leichenteile. Der Fund erhärtet den Verdacht der Kriminalisten: Lucie Berlin ist in der Liebetruth-Wohnung mißbraucht und ermordet worden. Den Reisekorb benutzte der Täter zum Transport der zerstückelten Leiche und warf ihn ebenfalls in die Spree.

Berger leugnet das Verbrechen und behauptet noch vor Gericht, er sei „unschuldig wie Christus, als er vor den Pharisäern und Pilatus stand". Die Indizien sprechen gegen ihn. Am Tag vor Heiligabend 1904, wird er wegen Totschlags an Lucie Berlin zu 15 Jahren Zuchthaus verurteilt. Die Berliner Morgenpost schreibt: „Wie von einem Alp befreit, wird die Bevölkerung Berlins bei der Nachricht aufatmen, daß der wirkliche Mörder der kleinen Lucie Berlin nun endlich gefaßt ist . . . Im Hause Ackerstraße 130 selbst, in einer Wohnung, die neben der der Eltern der kleinen Lucie liegt, ist die entsetzliche Bluttat verübt worden. Während die Mutter angsterfüllt ihre Tochter suchte, ist das Kind, nur durch eine Mauer von der elterlichen Wohnung getrennt, unter dem Messer seines entmenschten Mörders verröchelt. Ein Zuhälter namens Berger . . . ist der Mörder."

„Hoppla, wir leben!"

Das große, dichtbesiedelte Stadtareal um den Alexanderplatz und um das Scheunenviertel, vom Stettiner Bahnhof bis zum Schlesischen Bahnhof, steht schon seit der Jahrhundertwende in dem Ruf, ein Dorado der Dirnen und Zuhälter, der Strichjungen und Verbrecher zu sein.

„In nächtlicher Stunde erscheinen die Häuser übernatürlich hoch. Die Fenster: schwarze Flecken an grauen Wänden", heißt es in einer zeitgenössischen Milieuschilderung. „Der trübe Lichtschein einer Laterne hängt um ein Schild: Hotel garni. Zimmer von 2 Mark an . . . Dieser Stadtteil macht den Eindruck eines Bordellviertels. Überall kleine Hotels, Absteigequartiere. Überall Prostituierte, die den nächtlichen Wanderer am Arm zerren. Die Straßen sind finster. Die Dirnen verbraucht." Denn – wie Walter Mehring in einem seiner Berlin-Chancons fabuliert:

„Mit zwölf'n wiegt'ick schonst ein Kind,
Denn jings heidi! bergab jeschwind!
Mein Liebster tapeziert Chaussee –
Ick aber jeh'
Abends Karree!"

Ein weites Betätigungsfeld für die Ringvereine. An der Peripherie der Lasterzone lauern die Bauernfänger auf Ortsfremde, Provinzler, Neugierige, berichtet Egon Jameson (1895–1969), Berliner Pendant des Prager Rasenden Reporters Egon Erwin Kisch. „Dunkles Berlin gefällig, wie es lebt und liebt? Individuelles Geleit durch alle Lasterstätten", heißt eine seiner Reportagen. Jameson schreibt:

„Er, der Graue, ist ein alter, feiner Herr, mit schneeweißem Hängebart, vorbildlich guten Manieren, mit grauem, auf Taille sitzendem Mantel, grauem Anzug, grauem Stoffzylinder. Zunächst glaubt man an einen Kino-Grafen; der Graue läßt aber seinem Opfer keine Zeit zum Nachdenken. Die Überrumpelung ist seine Stärke. ‚Es kostet ein paar Pfennige', murmelt er, ‚nicht der Rede wert. Die Führung dauert drei Stunden, geht durch Opiumhöhlen, Kokskeller, Nackttanzdielen. Wer Berlin betritt, darf sich diese modernen Sehenswürdigkeiten nicht entgehen lassen'."

Der Kino-Graf, eine gescheiterte bürgerliche Existenz, ist nichts anderes als ein kleiner Gauner, ein Schlepper, Werkzeug eines Ringvereins. Im Taumel der Inflation und der nachfolgenden Goldenen zwanziger Jahre, schießen sie üppig ins Kraut. Sie wählen harmlose, ja gemütvolle Namen: Immertreu, Libelle, Felsenfest, Lustige Brüder, Edelweiß, Heimatklänge. Das klingt eher nach Herrenpartie und Stammtischseligkeit und verrät nichts über die wahre Bestimmung.

In einer Zeit, da mehr als 200 000 Berliner arbeitslos sind, kommt der Zulauf nicht nur aus der Unterwelt. Es schließen sich Elemente an, die mit der bürgerlichen Gesellschaft zerfallen sind, ohne Bekanntschaft mit dem Staatsanwalt gemacht zu haben. Viele Arbeitslose, genannt Stempelbrüder, werden Mitglieder. Das Motto „Einer für alle – alle für einen" läßt sie hoffen, durch den Verein eine Arbeit oder Anstellung zu finden. Ein Ringverein braucht viele wachsame Augen und starke Arme.

Denn: Ringkampf ist längst passé im Ringverein! Die Epigonen der Kraftsportler von 1890 packen mit härteren Fäusten zu, teilen sich die Unterwelt in streng abgegrenzte Reviere auf, kontrollieren die Rotlicht-Szene. Brandschatzen die Vergnügungsindustrie, unterwandern Polizei und Justiz und vernachlässigen bei alldem die speziellen Begabungen nicht, etwa den Umgang mit Dietrich und Brechstange, gezinkten Karten und präparierten Würfeln. Alles unter dem Deckmantel braver Bürger, was sich auch in Äußerlichkeiten zeigt. Der Reporter Hardy Worm (1896–1973), Kenner Berliner Unterwelt, notiert 1924: „Es geht in Berlin eine Sage, die Sage, daß sich zu nächtlicher Stunde aus den Tornischen des Verbrecherviertels Gestalten lösen, die, in zerrissene Kleidung gehüllt, ein Knüpftuch um den Hals geschlungen und eine Ballonmütze auf dem Schädel, sich anschicken, auf Raub auszugehen. Das ist eine sehr schöne Sage, und sie wird befruchtet durch die Art, wie sich die Kinoschauspieler und Kabarettisten einen Berliner Apachen darzustellen erlauben. Welch romantischer Kitsch, welche Verlogenheit! Kein Verbrecher, kein Kontrollmädchen benimmt sich so, wie viele wackere Schriftsteller, deren Studien sich bis auf die Kutscherkneipen erstreckt haben, es vorschreiben.

Die gewerbsmässigen Verbrecher, der Geldschrankknacker, der Laden- oder Taschendieb und was sonst noch zur ehrenwerten Zunft gehört, gehen, falls sie ihre Garderobe nicht haben verscheuern müssen, gut bürgerlich gekleidet. Sie bedürfen sogar äußerst eleganter Kleidung, um mit Erfolg ihrem Beruf nachgehen zu können. Der Verbrecher darf durch seinen Habitus nicht auffällig von der Masse abstechen. Wenn man zwischen Stettiner Bahnhof, Alexanderplatz und Schlesischem Bahnhof trotzdem auf Gestalten stößt, die denen im Kino dargestellten ähneln, so kann man bestimmt damit rechnen, es nur mit Halbstarken, mit Asylisten (Obdachlosen – d. A.) zu tun zu haben, mit Menschen, denen zwar die Faust sehr locker in der Tasche sitzt, die auch mal einen kleinen Gelegenheitsdiebstahl machen, aber im großen und ganzen nicht als Apachen angesprochen werden können."

Von der Öffentlichkeit nur gelegentlich – meist durch Zeitungsnotizen oder -berichte – zur Kenntnis genommen, bauen die Ringvereine nahezu ungestört Macht und Einfluß aus. Die Leute haben andere Sorgen und Freuden im Berlin der zwanziger Jahre. „Hoppla, wir leben!" lautet der Titel einer jener Revuen, die mit gepfefferten Texten, schmissiger Musik und entblößten Girls die Lebewelt faszinieren. Die kleinen und großen Schieber nehmen diese Devise wörtlich. Der Volksmund hat sie Raffkes getauft. Man schnupft Koks (Kokain), völlert in Nobelrestaurants, läßt in Spielcasinos die Moneten springen, macht in den Amüsierpalästen zwischen Kurfürstendamm und Potsdamer Platz die Nacht zum Tage.

Die echte Sorge, die ums tägliche Brot, ums nackte Leben, ist anderwärts zu Hause. In Prenzlauer Berg und Friedrichshain, Moabit und Kreuzberg. Vor den umlagerten Pfandleihen und in den öffentlichen Suppenküchen. In Wedding lebt eine siebenköpfige Familie von 15,85 Reichsmark Arbeitslosenunterstützung in der Woche.

„Rumpelstilzchen", der deutschnationale Kolumnist des Berliner Lokalanzeigers, fixiert die Trostlosigkeit jener Tage: „Das Leben fängt an,

Razzia in der Grenadierstraße, 1920

tierisch zu werden. Man soll nicht immer in die Freibäder gehen, wenn man sehen will, wo ‚das Volk' sich ein bißchen Gesundheit erhält, denn dort sieht man doch nur die Bessersituierten, die 20 Pf Eintrittsgeld und noch etliche Groschen für alles übrige ausgeben können. Zum Treptower Park und in den angrenzenden Plänterwald . . . kreuz und quer durchstreift und – kein einziges Pärchen gesehen. Bei Hunderttausenden ist buchstäblich jede Lebenslust verloren."

Lebensgier auf der einen, Lethargie auf der anderen Seite schaffen ein schwül-dumpfes Klima, in dem die Unterwelt prosperiert. Sie will expandieren. Es lockt das Beispiel der Gangs, der Großbanden in den Metropolen Nordamerikas. Man hält Ausschau nach Bündnispartnern. Gleiche Brüder, gleiche Kappen finden zueinander: Die separaten Ringvereine der Berliner Unterwelt formieren sich zum großen Ring.

Vorstoß zur Oberwelt

Nacht im sogenannten Poetenviertel, in den Straßen des Stettiner Bahnhofs, die ihre Namen den großen Dichtern der deutschen Romantik verdanken: Eichendorff, Novalis, Tieck. Die Gegend ist bar jeder Romantik. Schmutziggraue Fassaden verbergen finstere Hinterhöfe. Im Halbdunkel der Tornischen lümmeln Zuhälter, die „ihren Talon ableuchten", das heißt die Dirnen im Auge behalten, welche für sie „Karree latschen" und mit den Freiern auf kurze Zeit in einem Hausflur verschwinden. Denn Nachtlokale für eine „solide Anmache" gibt es nicht im Poetenviertel. Dafür aber genug Kaschemmen wie die von Hundegustav, einem ehemaligen Hundefänger. Treffpunkt für Leute, die aus mancherlei Gründen das Tageslicht scheuen. Bei Hundegustav, im Bouillonkeller, Ecke Tieck- und Borsigstraße können sie sich sicher fühlen. Die „Organisation" – der für das Poetenviertel zuständige Ringverein – ist auf dem Posten.

In der Umgebung der Kneipe geschieht das Allnächtliche: Strichmädchen mit dem unvermeidlichen Täschchen am Arm patrouillieren. Fliegende Händler bieten den Vorbeigehenden diskret heiße, aus einem Diebstahl stammende Ware an. Auch der Wurstmaxe mit dem dampfenden

21

Kessel fehlt nicht. Ein Hausierer preist unentwegt und monoton Streichhölzer und Zigaretten an.

Aus der Borsigstraße schlendert ein Mann heran. Dunkler Paletot, steifer Hut, den Spazierstock lässig am Arm. Der Hausierer erkennt mit sicherem Gespür: ein Greifer. Doch er schlägt nicht lauthals oder mit Gesten Alarm. Nur seine Anpreisung „Streichhölzer! Zigaretten!" wird lauter und betonter. Darauf läßt ein in Hörweite stolzierendes Strichmädchen scheinbar unabsichtlich ihr Taschentuch fallen. Untrügliches Zeichen für einen vor Hundegustavs Kneipe Schmiere Stehenden: Achtung, ein Bulle! Und als der die Kaschemme betritt, hat sich Raben-Karl (den er hier vermutete) längst durch die Hintertür aus dem Staub gemacht. An dem halben Dutzend Tische findet der Polizist in Zivil nur still vor sich hinbrütende Zecher, eine lautstarke Skatrunde, ein paar Kontrollmädchen, die sich bei einem Schnaps aufwärmen. „Nich ville los heute, Herr Kommissar", mahnt Hundegustav. Der Zwei-Zentner-Hüne mimt hinter seiner Theke den Ahnungslosen. Der Kriminale tippt an den Hut und räumt mit scheelem Seitenblick auf Wirt und Gäste das Feld.

Die „Organisation" hat wieder einmal glänzend funktioniert. Das ausgeklügelte Nachrichtensystem der Unterweltler ermöglichte eine perfekte Täuschung. Die vierköpfige Skatrunde besteht in Wirklichkeit aus Abgesandten von Ringvereinen, die dabei sind, aus ihrer Mitte einen Delegierten für die alljährlich stattfindende Reichstagung der Unterweltvereine zu bestimmen.

Mit den zwanziger Jahren ist eine Zeit angebrochen, die den Wiener Schriftsteller Stefan Zweig (1881–1942) nach einem Berlin-Abstecher zu der deprimierten Feststellung veranlaßt:

„Ich glaube Geschichte gründlich zu kennen, aber meines Wissens hat sie nie eine ähnliche Tollhauszeit in solchen riesigen Proportionen produziert. Alle Werte waren verändert und nicht nur im Materiellen; die Verordnungen des Staates wurden verlacht, keine Sitte, keine Moral respektiert. Berlin verwandelte sich in das Babel der Welt. Bars, Rummelplätze und Schnapsbuden schossen auf wie die Pilze. Was wir in Österreich gesehen, erwies sich nur als ein mildes und schüchternes Vorspiel dieses Hexensabbats, denn die Deutschen brachten ihre ganze Vehemenz und Systematik in die Perversion . . .“

1918 existierten in Berlin nur sieben Ringvereine, in einer von strenger Zucht und bürgerlicher Ordnung beherrschten Umwelt weitgehend isoliert und in ihrem Wirkungskreis eingeengt. Jetzt stößt die Unterwelt in die morbide Oberwelt vor. Sie findet und erschließt Marktlücken für das organisierte Verbrechen. Mitte November 1923, auf dem Scheitelpunkt der Inflation, als die Währung der Weimarer Republik auf 1,3 Billionen Reichsmark für einen Dollar gesunken ist, haben sich schon mehr als zwei Dutzend Ringvereine etabliert. Vornehmlich im Osten und Norden der Metropole. Konzentriert auf „Lichtenberg, die Gegend um den Schlesischen Bahnhof und um die Jannowitzbrücke herum, die Gegend um den Alexanderplatz, wo das rote Gebäude des ‚Alex‘, des gefürchteten Polizeipräsidiums, steht, wo das Verbrechen in Berlin vornehmlich zu Hause ist", beschreibt der Journalist Eugen Szatmari (8-Uhr-Abendblatt) das neue Feld der Ringvereine.

Ring der Bruderherzen

1929, im Jahr des Schwarzen Freitags an der New Yorker Börse, der eine weltweite beispiellose Wirtschaftskatastrophe auslöst, florieren an der Spree an die 60 Unterweltvereine mit zusammen mehr als 1600 eingeschriebenen Mitgliedern. Kurz vor 1933, dem Jahr ihrer Auflösung und Zerschlagung durch das NS-Regime, sind von den inzwischen über das ganze Reichsgebiet verbreiteten schätzungsweise 100 Ganoven-Vereinen über 70 in Berlin beheimatet.

Die Bruderherzen – so die vereinsinterne Anrede – haben sich eine Organisation geschaffen, die der Polizei und der Justiz manches Schnippchen schlagen kann. Die zehn stärksten Vereine in der Hauptstadt, mit dem Geselligkeitsverein und Sportclub Immertreu von 1921 an der Spitze, sind im Großen Ring Berlin verbündet. Er steht an der Spitze einer Unterwelt-Hierarchie, in der alle übrigen – im Freien Bund Berlin oder in der Freien Vereinigung Berlin – vereinten Bruderherzen eine zweitrangige Rolle spielen. Einen eventuellen Nachfolgekandidaten für den Kreis der Großen Zehn kann nur der Freie Bund stellen. Und zwar nur dann, wenn durch Auflösung oder Austritt eines Vereins ein Platz frei wird. Die mit Zuhälter-verbindungen durchsetzte Freie Vereinigung (im Zunftjargon Rattenvereine genannt) nimmt den untersten Rang ein. Deren Mitglieder sind „nicht mit der Brechstange verwandt".

Für die Außenwelt kommen die Vertreter der drei von „ordentlichen" Geschäftsführern geleiteten Ringe nur zusammen, um Termine und Programme für gesellige Veranstaltungen zu erörtern und festzulegen, vornehmlich für den gemeinsamen Jahresball aller Berliner Ringvereine, die große „Felicita". Die eigentliche Tätigkeit der Ringe vollzieht sich unter totalem Ausschluß der Öffentlichkeit, in der Klausur der lückenlos gesicherten Vereinslokale.

Auf diesen internen Sitzungen werden Streitfälle geschlichtet, Informationen weitergegeben, auch Pläne für ein gemeinsames „Ding" ausgeheckt. Die Aufteilung der Reviere und die Respektierung ihrer Grenzen sind oftmals Gegenstand hitziger Debatten. Doch im Streit um die nahrhaftesten Weiden gelangt man immer zu einer friedlichen Lösung: Berlin, Großstadt mit schier unbegrenzten Möglichkeiten, hat Platz für alle Sparten, und so findet jeder Ringverein am Ende das ihm genehme (und vom Ring genehmigte) Betätigungsfeld. Frei nach dem manches Vereinsbanner zierenden Motto: „Lass' Neider neiden, Hasser hassen. Was Gott uns gönnt, muß man uns lassen!"

Reichstag der Ganoven

Die Bildung von Ringvereinen auch in anderen deutschen Großstädten führt zur nächsthöheren Stufe der Organisation. Es entstehen regionale Ringe für Nord-, Mittel-, West- und Süddeutschland. Sie gründen mit ihren Berliner Zunftbrüdern eine gesamtdeutsche Dachorganisation, den Deutschen Ring.

Einmal im Jahr treffen sich von nun an Abordnungen der Vereine an wechselnden und unauffälligen Orten zu einem landesweiten Erfahrungsaustausch, getarnt als Geselligkeitsveranstaltung. Ein solcher Reichstag der Ganoven verläuft nach bürgerlichen Normen: Man wählt ein Präsidium und Kommissionen, diskutiert im Plenum, faßt Beschlüsse. Breiten Raum nimmt die Auswertung von Erfahrungen der Vereine und einzelner Mitglieder mit Polizei und Justiz ein. Dazu gehören zum Beispiel Vorkommnisse wie der Fall Kulenka, der als vereinsschädigend beurteilt wurde:

Im Herbst 1928 wurde der Tischlermeister Robert Kulenka in der Breslauer Straße von zwei Mitgliedern des Lotterievereins Friedrichshain überfallen, zusammengeschlagen und um seine mit 1000 Mark gefüllte Brieftasche erleichtert. Er hatte sich zuvor in einer Kneipe beim Schlesischen Bahnhof, die – was der arglose Tischler nicht wußte – der Unterwelt als Verkehrslokal diente, gehörig die Nase begossen. Beim Zahlen war ihm die Brieftasche zu Boden gefallen und das Duo hatte gesehen, wie er die „dicke Marie" aufsammelte und verstaute. Zwei Passanten waren

Zeugen des Überfalls, so konnten die Straßenräuber bald geschnappt werden.

Die Nachricht rief den Verein auf den Plan. Man knöpfte sich die Zeugen vor. Der eine konnte „überredet" werden, seine Aussage zurückzunehmen. Der andere blieb standhaft, wurde darauf von den Bruderherzen der Inhaftierten überfallen und mißhandelt. Sie ließen ihn erst laufen, als er versprach, die belastende Aussage zu widerrufen. Er hielt sich aber nicht daran, und nun versuchten Experten des Lotterievereins, den unbequemen Zeugen nachts aus seiner Wohnung zu entführen, was aufmerksame Nachbarn handgreiflich verhinderten. Danach erreichten ihn schriftliche Morddrohungen. Der Verfolgte suchte Hilfe bei der Polizei. Er folgte deren Empfehlung, schnell und unauffällig die Wohnung zu wechseln und sich im neuen Aufenthaltsort keinesfalls auf dem Polizeirevier anzumelden. Es war ein offenes Geheimnis, daß der Nachrichtendienst der Unterweltler über so manche, weit nach oben reichende Drähte verfügte.

Ein Beweis dafür wurde geliefert, als Mitte Januar 1929 das Verfahren gegen das Räuber-Duo von Friedrichshain eröffnet werden sollte: Die erforderlichen Prozeßakten waren über Nacht samt und sonders aus dem Kriminalgericht Moabit spurlos verschwunden. Richter und Staatsanwalt standen mit leeren Händen da. Mangels vorlegbarer Beweise mußte die Anklageerhebung vertagt werden. Die Blamage der Justiz war ein gefundenes Fressen für die Gerichtsreporter, die mit Anspielungen auf eine mögliche Komplizenschaft zwischen Ringbrüdern und Justizangehörigen nicht zimperlich umgingen.

Der mysteriöse Aktenschwund lieferte der öffentlichen Diskussion über die Ringvereine neue Nahrung. Es waren gerade zwei Wochen vergangen, seit die Vereine Immertreu und Norden in der Breslauer Straße einer Gruppe Hamburger Zimmerleute eine Straßenschlacht geliefert hatten. Deren Eskalation wurden dem Versagen der Polizei zugeschrieben. Diesen Vorwurf wollte man im Präsidium nicht auf sich sitzen lassen. In aller Stille wurde eine gezielte Aktion gegen den Lotterieverein Friedrichshain vorbereitet, der als Drahtzieher des Aktendiebstahls verdächtig war. Die ganze Berliner Ganoven-Zunft sollte daran erinnert werden, daß ihre behördliche Duldung kein Freibrief für ungezügeltes verbrecherisches Handeln war.

Sommerquartier in Schmöckwitz

Die Friedrichshainer – so brachte die Polizei in Erfahrung – pflegten sich für einige Tage in Schmöckwitz zu versammeln, um ihr Sommerquartier vorzubereiten. Sie tagten in einem nur vom Wasser her zugänglichen Ausflugslokal. „Sie alle dort miteinander aufzustöbern, ist ein zu großes Wagnis, zumal die Burschen alle bewaffnet sind", schreibt der Journalist und Autor Bernd Ruland in einem Berlin-Report über „Die goldenen Jahre 1918–

1933" und schildert den Ablauf des Schmöckwitz-Unternehmens:

„Da verfällt ein Kommissar auf eine List. Er läßt von einem Fälscher-Spezialisten, der für den ‚Alex' gelegentlich arbeitet, nach einem alten Schreiben Briefbogen des Ringvereins ‚Felsenfest' drucken und teilt ‚mit Brudergruß' den Mitgliedern des Lotterievereins mit, man werde sie in ihrem Sommerquartier besuchen, um wichtige Angelegenheiten zu besprechen. Der Termin ist so kurz festgelegt, daß eine Antwort nicht mehr erwartet werden kann.

Als ‚Dampferpartie' getarnt, machen sich fünf Kriminalbeamte und sechzehn Polizisten auf den Weg. Und da ‚Felsenfest' als Gesangverein eingetragen ist, beginnt man kurz vor dem Anlegen an den kleinen Steg mit dem Lied ‚So lang noch Untern Linden' . . .

Die ‚felsenfesten' Brüder werden laut und stürmisch begrüßt, und keiner der ‚Friedrichshainer' wundert sich darüber, daß im Bruderverein so viele neue Gesichter auftauchen.

Die Polizisten stellen sich sofort nach der Begrüßung auf, zücken ihre Notenblätter und singen, so gut es nur geht, ‚Wer hat dich, du schöner Wald, aufgebaut so hoch da droben'. Als sie die zweite Strophe beginnen, lassen sie blitzschnell die Notenblätter verschwinden, ziehen ihre Pistolen, und ehe die Herren vom ‚Lotterieverein Friedrichshain' die Situation ganz begreifen, sind sie umstellt und werden auf den Dampfer gebracht.

Das Ergebnis dieser Aktion: Den Ganoven ist nichts Strafwürdiges nachzuweisen – bis auf jenen

Überfall auf Kulenka. Um wieder mit der Polizei ‚ins reine' zu kommen, ist der Vereinsvorsitzende bereit, seine beiden ‚Brüder' über die Klinge springen zu lassen. Jeder erhält drei Jahre Gefängnis. Während dieser Zeit werden sie, nach altem Brauch und guter Ringverein-Sitte, umsorgt."

Die Jahresversammlungen der Bruderherzen beschäftigen sich mit Betriebsunfällen dieser und ähnlicher Art stets eingehend und ziehen daraus protokollarisch festgelegte Konsequenzen, wie etwa diese: „Jeder Bruder, der aus irgendeinem Anlaß seinen Wohnsitz wechselt oder kürzere oder längere Zeit in einer anderen Stadt weilt, soll während der Zeit seines Aufenthaltes überall dort, wo ein Bruderverein besteht, herzliche Aufnahme finden. Er soll sich überall zu Hause fühlen. Er soll der Sorge enthoben sein, bei unvorhergesehenen Unglücksfällen oder unvorhergesehener Mittellosigkeit Gefahr zu laufen, im Kampf um seine Selbsterhaltung gegen die bestehenden Gesetze der Ordnung und des Anstands zu verstoßen und so sich und den Verein zu diskreditieren."

Bernd Ruland überträgt das „elegante Memorandum" des Ganoven-Reichstages launig in die Gaunersprache: „Es kann dir überhaupt nichts passieren. Der Verein läßt dich nicht im Stich. Wenn du Knast schiebst, auf die Masche genommen wirst, Trefe läufst (von der Polizei verdächtigt wirst) oder ausgepowert (ausgeplündert) wirst, dann kriegste von uns ‘ne Bleibe, Flebben (Papiere) und Kies (Geld)." Darauf hat jedes Bruderherz Anspruch. Festgeschrieben in den Satzungen dieser Unterwelt-Zunft. Und deren Nenner lautet nun mal: „Alle für einen"!

Die Schlacht am Schlesischen Bahnhof

Die verräucherte Kneipe Naubur in der Breslauer Straße Nummer 1 unterschied sich kaum von anderen Lokalitäten rund um den Schlesischen Bahnhof. Der „Katholische", wie er im Volksmund unter Anspielung auf die Herkunft vieler Neu-Berliner hieß, lag eingebettet in ein Labyrinth trister Straßenzüge, grauer Mietskasernen und düsterer Hinterhöfe, wo Armut und Elend, Laster und Verbrechen eng beieinander hausten.

In den letzten Dezembertagen des Jahres 1928 geriet Nauburs Kneipe unversehens in die Schlagzeilen. Ursächlicher Anlaß war eine Jacke. Nicht eine gewöhnliche. Sie gehörte einem der 40 Hamburger Zimmerleute, die beim Bau der neuen U-Bahnlinie Gesundbrunnen-Hermannplatz beschäftigt waren. Eine Jacke also aus Samt mit großen weißen Knöpfen – unentbehrlicher Bestandteil der Berufstracht der Zunft mit den wagenradgroßen Hüten und breitauslaufenden Hosen.

Ein solches Prachtstück kam einem der Gesellen bei einem Kneipenbesuch einen Tag nach Weihnachten abhanden. Die Freude war groß, als sich das gute Stück am nächsten Tage wieder einfand. „Darauf gebe ich einen aus", beschloß der

Eigentümer und lud seine Kollegen ein, den Glücksfall feucht-fröhlich zu begießen.

Der Streifzug der angeheiterten Zimmerleute durch die Lokale rund um den Schlesischen Bahnhof endet in der Breslauer Straße, im Klosterkeller. Das großspurige Auftreten der Hünen von der Wasserkante verdirbt den bei Bier und Würfeln sitzenden Stammgästen alsbald die Stimmung. Vor allem der jüngste der Neuankömmlinge, der 18jährige Hubert Schulnies, wird zum allgemeinen Ärgernis. Betrunken stolpert er durch das Gastzimmer, stößt Biergläser um und krakeelt herum. Der Aufforderung des Wirtes, das Lokal zu verlassen, widersetzt Schulnies sich mit geballten Fäusten. Signal für etliche Stammgäste, den Lokalverweis handgreiflich durchzusetzen. Da zückt der Betrunkene ein Messer und sticht wild um sich. Von einer Übermacht wird er mit seinen Zechkumpanen vor die Tür gesetzt. Fluchend schleudert er eine Schnapsflasche durch die splitternde Fensterscheibe des Lokals und entkommt dann im Schutze der Dunkelheit.

Im Klosterkeller bemühen sich inzwischen Wirt und Gäste um einen am Boden Liegenden, der aus Stichwunden an der linken Schläfe, am Ohr und am Arm blutet. Er heißt Peter Malchin. Für ihn kommt jede Hilfe zu spät. Er stirbt kurze Zeit später in der Chirurgischen Klinik Ziegelstraße.

Die feucht-fröhliche Zimmermanns-Posse mündet in ein Drama. Denn Peter Malchin war aktives Mitglied der offiziell als Männer-Gesangverein firmierenden Unterwelt-Vereinigung Norden, diese wiederum Bündnispartner mehrerer in einem Ring zusammengeschlossenen Vereine gleichen Couleurs. Vor allem befreundet mit dem Geselligkeitsverein und Sportclub Immertreu von 1921.

Am Abend des 29. Dezember erfährt der Kellner Adolf Leib bei einem Umtrunk in einer Kneipe am Schlesischen Bahnhof von Klosterkeller-Wirt Hans Bach den Hergang und die Einzelheiten der blutigen Schlägerei des Vortages. Er beschließt Rache zu nehmen, nach der Devise der Ringvereine: „Kameradschaft, gegenseitige Unterstützung und Hilfe".

Adolf Leib alias Muskel-Adolf ist Vorsitzender von Immertreu, dem Platzhirsch im Unterwelt-Revier um den Schlesischen Bahnhof. Schon lange waren die Hamburger Zimmerleute, die sich vom Scheunenviertel bis zum Schlesischen Bahnhof häuslich eingerichtet hatten, dem Immertreu-Vorstand ein Dorn im Auge. Sie störten die Ordnung im Revier. Hatte doch Gastwirt Naubur flugs den Schutzvertrag mit Immertreu gelöst, nachdem die Hamburger seine Kneipe zum Zunftlokal erklärten. Die muskelstarken Gäste, die zudem bei der Zeche nicht knauserten, boten dem Lokal ausreichenden Schutz, glaubte Naubur.

Muskel-Adolf hatte bisher keine Strafexpedition gegen den abtrünnigen Gastwirt erwogen. Der Verein, so entschied er souverän, habe Geld genug, um auf Nauburs Schutzgebühr verzichten zu können. Warum sich also wegen einer Lappalie in einen Krawall mit den Zimmerleuten einlassen? Die würden ohnehin wieder nach Hamburg abschieben.

Jetzt aber lag der Fall anders: Totschlag eines Ringbruders im vereinseigenen Revier – das ging zu weit! Immertreus Ansehen bei der Unterwelt stand auf dem Spiel. Rache war das Gebot der Stunde. Auge um Auge, Zahn um Zahn. Getreu dem beschworenem Bruderwort.

Blutrache mit dem Stuhlbein

Dieser Racheschwur entfesselte die größte Massenschlägerei in der Geschichte der Berliner Unterwelt. Ihren Verlauf stellt Werner W. Malzacher in seinen „Berliner Gaunergeschichten" so dar:

„Nachdenklich trinkt ‚Muskel-Adolf' sein Bier. Der eifrige ‚Klosterwirt' weiß noch mehr zu berichten: der schuldige Zimmermann hält sich gerade in seinem Zunftlokal auf, bei Naubur in der Breslauer Straße 1.

Eine halbe Stunde später stoppen zwei Kraftdroschken vor diesem Lokal der Zimmerleute. Acht elegant gekleidete Herren steigen aus. Vier von ihnen postieren sich am Eingang, die anderen gehen hinein. ‚Muskel-Adolf' bestellt eine Runde.

Während die neuen Gäste ihr Bier trinken, sehen sie sich um. 30 bis 40 Zimmerleute haben sich an diesem Abend hier versammelt, die meisten von ihnen sitzen im Hinterzimmer.

Schon bald entdeckt der ‚Klosterkeller'-Wirt den gesuchten Zimmermann, der gerade bei dem ‚Aale, Aale'-Händler Hehde seine Abendmahlzeit kauft. ‚Muskel-Adolf' trinkt sein Bier aus, zahlt.

Dann geht er auf Zimmermann Schulnies zu und fordert ihn auf mitzukommen.

Unsicher sieht ihn der Zimmermann an. Sofort denkt er an den vergangenen Abend. Und die Hoffnung schwindet, er könne ohne Bestrafung einfach so davonkommen. Der Mann vor ihm ist sicher von der Kripo, wenn er auch etwas zu elegant gekleidet scheint.

‚Also?!‘, fragt ‚Muskel-Adolf‘. Und Schulnies steht auf und geht zur Tür. Die Ringvereinler folgen. Als die Tür sich öffnet, sieht der Zimmermann draußen weitere Männer stehen und auf ihn warten. Er wittert eine Falle, will zurück ins Lokal. Da trifft ihn ein Schlag. Er verliert das Bewußtsein, wird auf die Straße gestoßen, bleibt dort liegen.

Die Männer, die auf ihn gewartet haben, fallen über ihn her. ‚Schlagt ihn tot, den Hund‘, rufen diejenigen, die im Gedränge nicht selbst dazu beitragen können.

Jetzt erst haben die anderen Zimmerleute die Situation erfaßt. Entschlossen werfen sie sich auf die ‚Immertreuen‘. Der Händler Hehde gerät zwischen die Fronten, wird ganz einfach niedergeschlagen und kippt im Fallen seine kostbare Ware unter die Tische. ‚Aale, Aale‘, murmelte er noch, dann fällt er in Ohnmacht.

Die ‚Immertreuen‘ bewaffnen sich, so gut es geht. Billardstangen und Stuhlbeine liegen in ihren kräftigen Händen. Die Zimmerleute demonstrieren die vielfältigen Verwendungsmöglichkeiten ihres Handwerkszeuges. Beil und Hammer, Winkel und Hobel versuchen sich an den Köpfen, Schultern und Armen der ‚Immertreuen‘.

Munter tobt der Kampf hin und her. Aber die immertreuen Ringer kämpfen ja in der Höhle des Löwen. Aus dem Hinterzimmer erhalten ihre Gegner Verstärkung. Nach zehn Minuten sind die Zimmerleute Herren der Lage.

‚Muskel-Adolf‘ ruft zum Sammeln. Natürlich nimmt man die Verwundeten mit. Und selbstverständlich denkt niemand an endgültigen Abzug. ‚In ein paar Minuten sind wir mit 100 Mann wieder hier!‘ verkündet man drohend und siegesgewiß.

In ‚Leo's Hof‘, dem Lokal der Zimmerleute direkt gegenüber gelegen, halten die Unterlegenen Kriegsrat. Vor allem aber fordern sie telefonisch Verstärkung an.“

Jetzt erst erscheint die vom verstörten Kneipenwirt Naubur alarmierte Polizei auf dem Kampfplatz. Dort herrscht nun trügerische Ruhe. Im weidlich demolierten Zunftlokal der Zimmerleute protokollieren die Beamten eine ortsübliche Wirtshausschlägerei. Gab es einen besonderen Anlaß? Allgemeines Achselzucken. „Wie so was eben losgeht“, knurrt ein Zimmermann. Die anderen nicken. Sie wollen ihren Kumpel Schulnies, den die Immertreuen ohnehin übel zugerichtet haben, nicht noch in die Pfanne hauen.

Der Wirt ist plötzlich auch mit Blindheit geschlagen. Zwar beklagt er wortreich den angerichteten Schaden, weist auf zerbrochene Billardqueues und Stühle. Aber wie es dazu kam? Keine Ahnung. Er hatte in der Küche zu tun, als es Zoff gab. Naubur wird sich hüten, der Polente von Muskel-Adolf und Begleitung

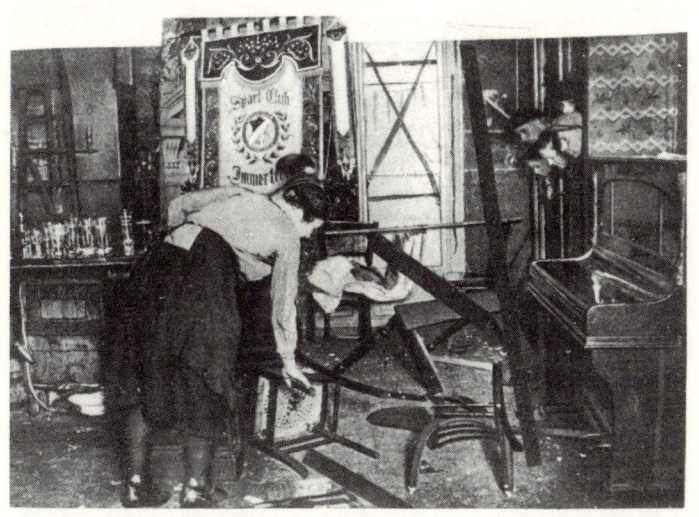

Das Vereinslokal in der Breslauer Straße nach der Schlacht, 1928

zu erzählen. Die Hamburger ziehen eines Tages Leine. Immertreu aber hat ein langes Gedächtnis. Auch der unbeteiligte Aalhändler Hehde hält lieber den Mund. Die zermanschten Edelfische, dessen ist er sicher, werden ihm die in solchen Fällen großzügigen Immertreuen ersetzen.

Negativ auch die routinemäßige Befragung von Passanten und Neugierigen, die auf der Straße in respektvollem Abstand das Kampfgetümmel verfolgt hatten. Und von den zahlreich herumstehenden Strichmädchen und Rattenjungs – dem Ganovennachwuchs – werden die Beamten auch noch verspottet: „War doch stockfinster. Wat woll'ste da viel sehen?" – „Det waren jarantiert Fremde. Die sind längst jetürmt."

37

Voreiliger Rückzug

Das reicht den Polizisten. Sie räumen die Breslauer Straße von Schaulustigen, schaffen blessierte Zimmerleute ins Krankenhaus. Naubur wird angewiesen, sein Lokal für die nächsten Stunden zu schließen. „Lassen Sie auch die Jalousien runter!" Die Zimmerleute sollen bleiben und das Haus nicht vor dem Hellwerden verlassen.

„Und das war – wie sich zeigen soll – ein entscheidender Fehler", vermerkt der Chronist Malzacher. „Die Polizei rückt ab. Sie traut dem Frieden, der sich ausgebreitet hat. Anders die ‚Rabenjungs'. Sie kehren auf Umwegen zurück, lerneifrig wie stets.

Auch die Zimmerleute wollen nicht glauben, daß die ‚Immertreuen' die Waffen endgültig gestreckt haben. Sie bitten um die Unterstützung Verbündeter, der Maurer. Sechs von diesen machen sich sofort auf den Weg. Aber nur zwei gelangen als Verstärkung ans Ziel. Die anderen werden unterwegs abgefangen und zusammengeschlagen.

Die Ringvereine sind nämlich schneller. Gleich nach dem Abzug der Polizei halten 15 Kraftdroschken vor ‚Leo's Hof'. ‚Muskel-Adolf' teilt seine kampferprobten Streiter (auch aus den Reihen des Ringvereins Norden, d. A.) ein. Das Eintreffen des kümmerlichen Nachschubs für die Zimmerleute wird zum Signal für die Fortsetzung des Kampfes. Die beiden Maurer erreichen die Tür des Zunftlokals, klopfen an. In diesem Augenblick stürzen die Ringvereine vor, greifen die beiden und halten sie als Geiseln zurück. Sie haben richtig kalkuliert. Die Zimmerleute kommen aus ihrem sicheren Unterschlupf, um den beiden zu helfen.

Die nun folgende Schlägerei übertrifft alles, was man bisher in dieser Gegend zu sehen bekommen hat. Und das war weiß Gott allerhand. Etwa 200 Personen beteiligen sich daran. Mit der Wahl der Waffen ist man jetzt noch weniger wählerisch. Es wird zugeschlagen mit allem, was greifbar ist. Und zugestochen.

Die Zimmerleute wehren sich tapfer. Wenn sie bei der Arbeit so zulangen würden, hätte Berlin in ein paar Wochen U-Bahnschächte unter jedem Straßenzug. Aber die ‚Immertreuen' sind brutaler, entschlossener, kampfgeübter. Und jetzt auch in der Überzahl.

20 Minuten dauert die Massenschlägerei. Um Mitternacht wird sie auch von 60 Schüssen begleitet. Aber im Kampfgetümmel kann man kaum zielen, ohne einen von den eigenen Leuten zu gefährden. Immerhin: sieben Handwerker werden schwer verwundet. Einer, der Maurergeselle Mörlitz, stirbt bei der Einlieferung ins Krankenhaus.

Als das Überfallkommando eintrifft, ziehen sich die Angreifer mit all ihren Verwundeten blitzschnell zurück, nicht ein einziger kann gefaßt werden."

Der Präsident wiegelt ab

Buchstäblich über Nacht rückt die „Ganoven-
schlacht am Schlesischen Bahnhof" die Ringvereine und ihr Unwesen in die Schlagzeilen der Berliner Presse. An der Schwelle des neuen Jahres
wird die Vier-Millionen-Stadt von einem wahren
Sensationsfieber ergriffen. Der Angstruf „Unterwelt ante portas" macht die Runde und stellt für
eine Weile in den Schatten, was die Hauptstädter
sonst bewegt: die steigende Arbeitslosigkeit, das
zunehmende soziale Elend, das hilflose Taktieren
der Regierung, die fast täglichen Zusammenstöße
zwischen Hitlers SA mit Thälmanns Rotfront-
kämpfern und dem „Reichsbanner" der SPD in
den Straßen Berlins.

Die druckfrischen Blätter werden den Zeitungs-
händlern förmlich aus den Händen gerissen. Man
will genau wissen, wie die Unterwelt „Blutrache
mit dem Stuhlbein" übt, „Gangster-Methoden aus
Chikago importiert" anwendet, zur „Bedrohung
von Heim und Familie" geworden ist. Der Ruf
nach Gesetz und Ordnung wird laut. Polizei und
Justiz sollen Farbe bekennen, wie sie es mit der
Unterwelt halten. Was hinter deren Organisationen steckt. Die Nazis, die Kommunisten oder wer
um alles in der Welt? Ist Immertreu – wie im Berliner Vereinsregister verzeichnet – wirklich nur ein
braver Geselligkeitsverein? Huldigen die sanges-
frohen Männer von Norden tatsächlich der Muse
Polyhymnia? Verbirgt sich nicht vielmehr hinter
der Maske bürgerlicher Gesittung die Fratze der
Gesetzlosigkeit und Gewalt?

Fragen über Fragen. In Scharen schwärmen die Reporter aus, durchpflügen die Unterwelt bis in den letzten Winkel. Sie recherchieren in Vereinslokalen und Absteigen, verknüpfen Dichtung und Wahrheit über die ominösen Ringvereine.

Bis zur „Großattacke der Unterwelt" – so eine Schlagzeile jener Tage – hatten die Ringbrüder jede ungewollte oder gar abträgliche Publicity peinlichst vermieden. Nach dem Debakel vom 30. Dezember 1928 bemühen sie sich im Hinblick auf die zu erwartenden Konsequenzen eilig um Schadensbegrenzung. Ein ungenannt bleibender Ring-Präsident gibt in der Zeitung „Nachtausgabe" vom 30. Januar 1929 eine Erklärung ab, die vor unüberlegten Aktionen aus den eigenen Reihen abrät und zugleich die bessere Gesellschaft für den Fall weiterer Verfolgungen vor Skandalen warnt:

„Wir wissen ganz genau, daß wir eine so große Existenzberechtigung gar nicht haben. Infolgedessen sind uns Vorfälle wie in der Breslauer Straße sehr unangenehm. Denn nie ist es vorgekommen, daß wir in solcher Weise Unannehmlichkeiten mit der Polizei gehabt haben, die ja unserer Organisation seit Jahren ganz genau kennt und nie Gelegenheit hatte, gegen sie einzuschreiten. Warum sollte sie auch? Wir sind nicht Verbrecher-Vereine. Verbrecher werden vom Vereine nie unterstützt. Eher sind wir – sozial gesprochen – Unterwelt-Vereine, ja. Aber wissen Sie, wie weit in die Oberwelt diese Unterwelt hineinreicht?"

Hierarchie und Ehrenkodex

Sie nannten ihn Goldzahn-Bruno, weil er mit den teuren Beißerchen immer so gern protzte. Bruno – kleine Statur, zur Fülle neigend, gepflegtes Äußeres – genoß als Tresorknacker und Fachmann in Geldangelegenheiten das volle Vertrauen der Mitglieder des Geselligkeitsvereins Friedrichstadt aus dem Kreis der Großen Zehn. So wählten sie ihn Jahr für Jahr zum Kassenwart. Ein Amt, das er treulich verwahrte. Bis zum Sommer 1930.

In jenem Juni beschloß der Vorstand, dreißig langjährigen Mitgliedern einen Urlaubsaufenthalt in Tirol zu finanzieren. Bruno sollte das Nötige veranlassen, die Urlauber mit Fahrkarten und reichlich Zehrgeld versorgen. Am Reisetag standen die dreißig Urlaubskandidaten mit den Fahrkarten 3. Klasse in der Tasche auf dem Anhalter Bahnhof. In froher Erwartung Brunos, der ihnen die gutgefüllte Reisekasse überreichen würde.

Die frohe Hoffnung wich tiefer Enttäuschung, als der Mann mit der roten Mütze die Abfahrtskelle hob: Bruno war nicht gekommen.

Die im Stich Gelassenen reisten nun mit schmalem Geldbeutel nach Berchtesgaden. In der neu aufkeimenden Hoffnung, am Urlaubsort die Vereinsspende vorzufinden. Vergeblich. Goldzahn-

Bruno hatte sich selbst aus der Vereinskasse bedient und war mit 13 000 Reichsmark untergetaucht. Die ergrimmten Brüder kamen schnell dahinter, daß die Unterschlagung von langer Hand vorbereitet war: Der Geld-Experte mit den langen Fingern hatte innerhalb eines Jahres das Vereinskonto durch Entnahme von Beträgen zwischen 300 und 600 Mark total geplündert. Ein schwerwiegender Verstoß gegen den ehernen Grundsatz, daß Bruderherzen sich nicht gegenseitig beklauen.

Unter Mithilfe befreundeter Vereine fanden die Friedrichstädter bald heraus, daß der flüchtige Defraudant seinen Schlupfwinkel in Berlin oder Umgebung haben mußte. Fünfzig Rächer machten sich auf die Socken, um – so ließen sie verlauten – „eine fürchterliche Abrechnung" mit dem Vereinsschädling zu halten.

Inzwischen mußten die Berchtesgaden-Urlauber dem schönen Land Tirol, mangels Kasse, endgültig entsagen. Vor dem Aufbruch erlitten sie einen weiteren Schock: Einer der Reisegefährten, der kränkelnde Düsseldorfer-Hans, erlag den Aufregungen. Seine Rückreise im Zinksarg nach Berlin kostete allein 1600 Mark. Dazu kamen die Aufwendungen für das Ehrenbegräbnis, auf das der Verblichene laut Vereinssatzungen Anspruch hatte. Am Ende waren die Friedrichstädter gezwungen, ein Darlehen zu pumpen, was den Zorn auf Goldzahn-Bruno zur Weißglut brachte.

Vierzehn Tage nach dem Verschwinden spürten brüderliche Helfer den Nestbeschmutzer in ihrem Revier auf. Sie informierten den Verein, Goldzahn-Bruno werde sich an einem bestimmten

Abend um 21 Uhr in einer wenig belebten Straße des Berliner Nordens mit seiner Freundin treffen.

Eine halbe Stunde vorher besetzten fünfzig rachedurstige Vereinsbrüder sämtliche Zugänge zum Ort des Rendezvous. Das Auto des ahnungslosen Kavaliers mit den Goldzähnen hielt pünktlich vor dem bezeichneten Haus. Die im Flur Postierten stürzten sofort aus der Tür, zerrten den Erschrockenen aus dem Wagen und verabreichten ihm als Anzahlung auf die „Abrechnung" etliche Maulschellen. Danach flog er wie ein Ball durch das prügelnde Spalier der aus ihren Verstecken herbeigeeilten Bruderherzen. Schließlich überließen sie ihn auf dem Straßenpflaster seinem Schicksal. Zahnlos! Das Auto beschlagnahmte der Verein und verkaufte es für 5000 Mark. Die fehlenden 8000 Mark trieb Brunos Amtsnachfolger durch eine Pro-Kopf-Umlage von 100 Mark bei den achtzig Mitgliedern ein.

Bruno aber verschwand aus Berlin. Geächtet nach den unerbittlichen Gesetzen, die in der Zunft der ehrenwerten Ganoven walteten und von jedem einzelnen bei seinem Eintritt in ihren Kreis bezeugt und beschworen werden mußten. Ausgeschlossen aus seinem Ringverein, hatte er unter seinesgleichen keine Existenzchance mehr.

Das Bruderwort unter dem Banner

Die Ringvereine verstanden sich als Interessenvertretung einer Schicht von Entwurzelten und

Außenseitern. Sie gaben sich eine bürgerlich-rechtliche Form, um öffentlich in Erscheinung treten zu können. Doch ihre Satzungen waren weitaus strenger als in bürgerlichen Vereinen üblich. Die Geheimklauseln wurden den Behörden verschwiegen.

Besonders rigoros waren die Bestimmungen für Neuaufnahmen. Ausschließlich Männer, Mindestalter 21 Jahre, durften Mitglieder werden. Ehefrauen, Bräute und Freundinnen durften zwar als „Schwestern" zu den geselligen Veranstaltungen kommen, blieben aber von den Sitzungen ausgeschlossen.

Der Kandidat mußte zwei ehrenwerte, das heißt vorbestrafte, Bürgen beibringen. Eigene Knastjahre wurden ihm als Pluspunkt angerechnet. Nach einer Probezeit fand die feierliche Aufnahme in den Kreis der Bruderherzen statt. Mit einem Ritual, in dem sich Logenbräuche und Stammtischsitten vermischten.

So vollzog sich 1924 die Aufnahme eines neuen Bruders in den Lotterie- und Männergesangverein Felsenfest:

Nichts deutet im Schankraum des Schwarzen Walfischs, Vereinslokal der Felsenfesten in der Madeistraße 14, darauf hin, daß Außerordentliches im Gange ist – im Hinterzimmer, abgeschottet durch die ausladende Theke. Während im Lokal die Gäste wie eh und je zechen, lärmen und zoten, geht es hinter der Thekenwand gemessen und feierlich zu. Ein Kreis solide gekleideter Herren jeden Alters ist bei Kerzenschein um den großen Tisch mit dem Vereinswimpel versammelt.

Von Zeit zu Zeit balanciert der Kellner ein Tablett mit sektgefüllten Gläsern herein.

Die Blicke der Versammelten sind auf den Kandidaten gerichtet, den der Vereinsvorsitzende mit Handschlag zum Bruder erklärt, worauf er ihm die Vereinsnadel ans Revers heftet. Der Bannerwart entfaltet die mit Bändern und Quasten geschmückte und reich bestickte Vereinsfahne. Die Männer erheben sich von ihren Plätzen. Der frischgebackene Felsenfeste spricht nun das Bruderwort nach; sein Gelöbnis, Stillschweigen bis zum Tod über Vereinsangelegenheiten zu bewahren. Auch gegenüber der eigenen Ehefrau. Selbst wenn er ausgeschlossen werde, habe er zu schweigen wie ein Grab. Das Bruderwort schließt die Verpflichtung ein, sich den Satzungen bedingungslos zu unterwerfen. Auf ein Zeichen des Vorsitzenden fassen sich die Zeugen der Aufnahmezeremonie bei den Händen und stimmen das Vereinslied „Ja, wir sind Brüder" an. Damit endet der seriöse Teil der Sitzung und ein feucht-fröhlicher Umtrunk auf Kosten des Neuen beschließt den Abend im Schwarzen Walfisch.

Die meisten Brüder hielten sich an das Schweigegebot – schon aus Angst vor Strafmaßnahmen. In einem Immertreu-Prozeß wegen schweren Landfriedensbruch vor dem Moabiter Gericht im Dezember 1932, verlangte der Richter von einem mitangeklagten Ex-Mitglied Auskunft, wer seines Wissens nach als potentieller Ringbruder in Frage käme. Die Antwort lautete: „Wer genug in der Unterwelt verkehrt und sich dort genug versucht hat. Zur Unterwelt gehören die Leute,

Fälscherwerkstatt: Ringbrüder benötigten bisweilen neue Pässe

die sich von Geschäften ernähren, die sie nachts getätigt haben." Und auf einen richterlichen Einwurf bezüglich der persönlichen Referenzen für eine Mitgliedschaft: „Ich bin nicht gefragt worden. Ich habe Glücksspiele veranstaltet und war dadurch bekannt."

Jener Ex-Immertreue war ein Meister eines Glücksspiels mit drei gezinkten Karten, genannt Kümmelblättchen, vergleichbar mit dem heute auf Berliner Plätzen anzutreffenden Hütchenspiel-Betrug. Nach den Ehrbegriffen der Ganovenzunft übte er einen anständigen Beruf aus. In deren Rangordnung war er etwa gleichgestellt den Hochstaplern, Heiratsschwindlern, Betrügern aller Sparten wie Ölern (Wechselgeldbetrügern) oder Schmalmachern (Bettlergenies). Angeführt wurde der Berufskatalog von den Schränkern (Geldschrankknackern), Einbrechern und Langfingern bis zum Taschenkrebs (Taschendieb). Nur dieser Personenkreis – in dem die Zuhälter eine Sonderstellung einnahmen – kam für eine Aufnahme in den Ring der Ehrenwerten in Betracht. Ob der Anwärter diesbezüglich eine reine Weste hatte, erfuhr man aus trüben Quellen des Polizeiapparates.

Mit Sexualverbrechern und Mördern hatten die Bruderherzen dagegen nichts im Sinn. Da grenzten sie sich nicht nur ab, da spielten sie sogar Ordnungsmacht.

Bei „M" hört das Verständnis auf

Der Film-Klassiker „M" (1931) des Regisseurs und Produzenten Fritz Lang (1890–1976) vermittelt in diesem Punkt packende, zugleich beklemmende Einblicke: Elsie, ein Schulkind, wird ermordet in einem Berliner Waldgebiet aufgefunden. Opfer eines brutalen Serienmörders, der die Öffentlichkeit in Panik versetzt. Die Polizei sucht den Täter unter den Berufsverbrechern. Die fühlen sich zu Unrecht verdächtigt und wollen den Täter auf eigene Faust fangen. Ein Ringverein kleiner Ganoven mit einem Schränker (dargestellt von dem Schauspieler Gustav Gründgens) als Vorsitzendem, geht auf die Mörderjagd.

Die Polizei hat den Sexualverbrecher (gespielt von Peter Lorre) in der Zwischenzeit zwar als ehemaligen Insassen einer Irrenanstalt identifiziert, doch die Ringvereinler kommen ihr zuvor. Ein Bettler kann den Gesuchten bis zu seinem Versteck in einem Bürohaus verfolgen. Im Schutz der Nacht brechen die Ringbrüder ein, spüren den Mörder auf dem Dachboden in einem Abstellraum auf und schleppen ihn in den Keller einer stillgelegten Fabrik. Im Angesicht von Frauen und Mädchen, potentiellen Opfern des geistesgestörten Massenmörders, bilden die Ehrenwerten ihren eigenen Gerichtshof. Das Todesurteil ist schon verhängt. Da erscheint im letzten Augenblick die Polizei, um den Delinquenten der legalen Justiz zu übergeben.

Fritz Lang klagte später, bei der Vorbereitung seines Films hätten Vertreter von Ringvereinen Druck ausgeübt. Man habe ihm bedeutet, es sei für die Dreharbeiten besser, wenn er echte Ringvereinler als Komparsen und Berater beschäftigen würde. Schwierigkeiten trafen den Regisseur auch von anderer Seite. So erzählte Lang einmal dem Filmhistoriker Siegfried Kracauer ("Von Caligari bis Hitler"), die Presse habe damals angekündigt, der Film werde den Titel „Mörder unter uns" erhalten: „Daraufhin erhielt er zahlreiche anonyme Drohbriefe; außerdem wurde ihm kurzerhand die Erlaubnis verweigert, die Staakener Ateliers für die Aufnahmen zu benutzen. ‚Warum hat sich nur alles gegen einen Film über den Düsseldorfer Massenmörder Kürten (ein 1929 aufsehenerregender Kriminalfall – d. A.) verschworen?', fragte er den Aufnahmeleiter in seiner Ratlosigkeit, ‚Ach so', meinte dieser. Er strahlte förmlich vor Erleichterung und übergab Lang unverzüglich die Schlüssel zum Atelier. Auch Lang hatte jetzt verstanden; denn noch während der Mann diskutierte, hatte er ihn beim Rockaufschlag ergriffen und auf der Unterseite des Revers das nationalsozialistische Parteiabzeichen erblickt. Das war es also. Die Partei hatte gefürchtet, daß ein Film mit dem Titel ‚Mörder unter uns' ihre eigenen Untaten aufdecken würde . . ."

Ordnung muß sein im Verein

So streng wie mit den Aufnahmebestimmungen verfuhr man in den Ringvereinen auch bei Ausschlüssen. Geahndet wurden Verstöße gegen die Zunft-Prinzipien der gegenseitigen Hilfe und Unterstützung, Kameradschaft und Treue. Dazu zählten in den leichtesten Fällen „ungebührliches Betragen inner- und außerhalb des Vereins" oder „viermaliges unentschuldigtes Nichterscheinen bei Sitzungen". Schwerer wog, wenn ein Bruderherz dem anderen die Ehefrau oder Braut abspenstig machte. Wer gar seinen eigenen Kollegen bestahl, war sofort fällig.

Bei vereinsschädigend abgestempelten Verstößen, etwa „Singen" beim Polizeiverhör oder vor Gericht und ähnlichen Vertrauensbrüchen, blieb es in der Regel nicht beim bloßen Federstrich in der Mitgliederliste. Zusätzliche Repressalien waren angesagt, wenn zum Beispiel ein Bruder sich weigerte, im Interesse des Vereins die Straftat eines Mitbruders auf die eigene Kappe zu nehmen. Doch darüber war in den behördlich genehmigten Statuten der diversen Geselligkeits-, Spar-, Lotterie- oder Gesangvereine kein einziges Wort zu finden.

Ordnung mußte sein im Verein! Insbesondere bei den wöchentlich stattfindenden Sitzungen. Nicht nur die Anwesenheit von Frauen war verpönt, auch – so Paragraph 7 im Immertreu-Statut – das Mitbringen von Hunden. Strafgelder wurden fällig bei verspätetem Erscheinen, bei störendem Sprechen oder Singen, Nichtmitsingen des Vereinsliedes und Fehlen bei Veranstaltungen mit Fahne. Ein besonders bemerkenswerter Satzungsparagraph der Immertreuen bestimmte: „Der Zweck des Vereins soll erreicht werden durch Förderung der Freundschaft und Geselligkeit unter den Mitgliedern, durch Unterstützung bei Krankheit und besonderen Notfällen."

Jeder Ringverein rechnete damit, daß manche Mitglieder über kurz oder lang zu alten Gewohnheiten zurückkehren würden und wieder für einige

Zeit hinter Gitter landeten. Das waren die „besonderen Notfälle". Dann sorgte der Verein für Abhilfe oder Milderung. Er stand für die Gerichtskosten ein und bezahlte – falls es die Umstände erforderten – sogar Staranwälte. Sprangen trotzdem für den rückfällig gewordenen Bruder ein paar „Jemmchen" heraus, brauchte er nicht zu darben. Sein Verein versah ihn regelmäßig mit Liebesgaben-Paketen.

Es war Ehrensache unter den Bruderherzen, daß sie sich auch um die zurückgelassenen Ehefrauen und Bräute der „Einsitzer" kümmerten. Die im Jargon liebevoll als Mulle, Trude oder Fürstin klassifizierten Damen, wurden großzügig aus der Vereinskasse unterhalten – und ihr Lebenswandel und Umgang kontrolliert. Ging etwa eine Fürstin fremd, knöpften die Ringbrüder nach einmaliger Verwarnung die Tasche zu. Wenn der Ganoven-Gatte dann ins traute Heim zurückkehrte, hing gewöhnlich der Haussegen schief. Solch ein Wiedersehen endete meist im Sinne des Altberliner Kneipenspruchs: „Wie lieblich glänzt die Trän' im Aug' der Braut, wenn ihr der Liebste in die Fresse haut."

Die Spitznamen, mit denen sich die Bruderherzen riefen, waren oft Berufsbezeichnung und Wertmesser in einem. Sie hießen Knochenbrecher-Atze, Gorilla-Walter und ähnlich. „Die Spitznamen sind in der Kaschemmenwelt von besonderer Wichtigkeit, denn hier nennt man keinen Menschen beim richtigen Namen", fand Egon Szatmari, der 8-Uhr-Abendblatt-Reporter, bei seinen Unterwelt-Recherchen heraus. „Der Name, der im

Taufschein steht, ist nur für die Polizei. Damit soll sich das Einwohnermeldeamt amüsieren. Hier gelten die Namen, die ein jeder durch seine besondere Eigenschaft erworben hat – und die er manchmal recht sauer verdient hat. Soldatenemil heißt zum Beispiel deshalb so, weil er jahrelang eine abgeschabte und fadenscheinig gewordene feldgraue Uniform getragen hat und stets stolz erwähnt, daß er es im Felde bis zum Gefreiten gebracht habe. Seitdem hat er es noch weiter gebracht – aber davon soll lieber geschwiegen werden. Gurkenjule heißt deshalb Gurkenjule, weil sie saure Gurken bevorzugt, obwohl dieser Genuß sie in ihrer beruflichen Tätigkeit, die erst nach Abenddämmerung anfängt, gewiß nicht zu unterstützen vermag."

In solchen Kreisen waren die Kategorien gut oder böse unbekannt. Man war schlau oder dumm. So schätzte man Brillanten-Willi, Finger-Hans, Feilen-Paule oder Fassaden-Orje als Spitzenkönner ihres Fachs. Einem Knochenbrecher-Atze, Buckel-Albert, Pfeifen-Piepe oder Fusel-Albert haftete das Markenzeichen des Schlägers, mittelmäßigen Gauners oder Alkoholikers an. Die Wertschätzung des einzelnen bestimmte seine Stellung in der Bruderschaft.

In jedem Verein – ob er nur ein Dutzend Mitglieder zählte, wie zum Beispiel Cyklop, oder mehr als hundert Rabauken mobilisieren konnte, wie Immertreu und Norden – existierte neben dem nach außen in Erscheinung tretenden Vorstand ein sogenannter Innerer Kreis. Dort saßen die Spitzen-Ganoven. Der Innere Kreis leitete die illegale

Vereinsarbeit. Auf seinen streng vertraulichen Sitzungen fielen die Entscheidungen, ob und wie ein „Ding gedreht" werden könnte oder einem „auf der Kippe" stehenden Bruder Unterschlupf zu gewähren sei. Er vermittelte das „Verschärfen" der Sore (Diebesbeute) an Hehler oder setzte Rollkommandos gegen vereinsschädigende Mitglieder oder Außenstehende in Marsch.

Im Prinzip bildete dieses Gremium zusammen mit einer Handvoll aktiver Ganoven den eigentlichen Ringverein. Der größere Teil der Mitgliedschaft diente nur zur Tarnung. Als Aushängeschild für ein biederes Vereinsleben und -treiben von Kegel-, Skat- und Sangesbrüdern. Die Masse zahlte gutgläubig einen geringen Monatsbeitrag, füllte das Gemeinschafts-Sparschwein, spielte ein gemeinsames Lotterielos, wanderte unter dem Vereinswimpel ins Grüne. Aber sie alle – Kriminelle wie Mitläufer – beherrschte der insgeheim gehegte naive Wunsch, als bürgerlich akzeptiert zu werden.

Die doppelbödige Moral trat zuvorderst bei den geselligen Veranstaltungen der Ringvereine – ihren Stiftungsfesten und Weihnachtsfeiern, Masken- und Galabällen – ins Rampenlicht. Da waren Gesellschaftsanzug und Abendkleid vorgeschrieben. Die Mullen, Truden und Fürstinnen erschienen schmucküberladen. Sekt und Bier flossen in Strömen.

„Auf den ersten Blick eine zweifellos vornehme Gesellschaft", heißt es im erwähnten „Berlin-Report 1918–1933" von Bernd Ruland über das Stiftungsfest eines Ringvereins im Prinzengarten (nachmals Müggelseeperle): „Aber wenn man die

Ringverein Immertreu, Himmelfahrtsausflug 1928

Spitznamen einiger Herren vernimmt, bekommt das festliche Bild einen Kratzer. Da schwadroniert ‚Koks-Justav', da drückt ‚Klamotten-Emil' seine ‚Fürstin' an seine kräftige Männerbrust, und am Vorstandstisch führt gerade ‚Mollen-Orje' das große Wort. Die Mitglieder des Sparvereins ‚Deutsche Eiche' haben sich hier zu einer Feier verabredet."

Eine unbewußte, auf jeden Fall ungewollte Parodie einer Gesellschaftsklasse, die den Ringvereinlern gleichermaßen verhaßt wie erstrebenswert war. An deren Ritualen sich ihr Tun und Treiben orientierte.

Feind und Helfer der Polizei

„Die Polizei, die regelt den Verkehr", trällerte im Berlin der Goldenen Zwanziger ein flotter Marschfoxtrott. Der Text bezog sich eigentlich auf das Getümmel von Autos, Bussen und Straßenbahnen am Potsdamer Platz. Dabei hatten die Hüter der Ordnung in der von sozialen und politischen Unruhen heimgesuchten Hauptstadt weitaus größere Sorgen. Eine Springflut von Verbrechen war hereingebrochen.

Manch einer der älteren Kriminalbeamten deutschnationaler Gesinnung seufzte: „Das hat's zu Kaisers Zeiten nicht gegeben!" Damals war der schnauzbärtige Wachtmeister mit Pickelhaube und Schleppsäbel eine gefürchtete Respektsperson, der man am besten nur mit reinem Gewissen begegnete. In seiner „Anschißkommode", dem dickleibigen Notizbuch zwischen den oberen Knöpfen des Uniformrocks, war nur in den allerseltensten Fällen ein Schwerverbrechen verzeichnet.

Heinrich Zille schilderte einmal seinen Freunden die Begegnung mit einem der barschen Zuchtmeister. Sie spielte sich in der vor der Jahrhundertwende noch grünen Umgebung des Dönhoffplatzes ab: „Ick war oft des Morgens unterwegs, weil ick erstens immer die Natur jern

56

mochte und weil ick zweitens Schmetterlinge sammelte. Wie ick da so durchs Jebüsch gehe, sehe ick abseits vom Wege einen Mann am Baum hängen. Det war ja nu keen schöner Fund. Seinen Schirm hatte er 'n Stückchen weiter an einen anderen Baum jelehnt. Das verjeß' ick nie, daß er hier bis zuletzt so 'n ordentlicher Mensch jewesen sein muß. Aber de Stiebel waren janz voller Erde, 's muß ihn wohl die janze Nacht hindurch umherjetrieben haben, bis er die Angst vor'm Tode überwunden hatte. Als ick noch 'n Stück näher jing, sah ick auf seiner Manschette die Worte, die ick ooch nie verjessen werde. ,Forscht nicht!' stand da. ,Mir war die Welt zu dunkel.' Das konnte ick ja nun recht verstehen." So wird es wiedergegeben in dem Buch „Budiken, Kneipen und Destillen" von Erich Kranz.

Zille eilte zur Polizei: „Da kam gleich 'n hoher Beamter mit. Aber der konnte nu ooch nich mehr helfen. Ick wollt wenigstens den armen Kerl zeichnen, der da aus der dunklen Welt davonjeschlichen war, weil ick ihm seine Verzweiflung nachfühlen konnte und weil ick nich nur die Schönheit der Welt zeichnen wollte, sondern ooch die düsteren Seiten, um die Menschen damit vielleicht 'n bißchen wachzurütteln. Aber da hat mich vielleicht der Wachtmeester anjebläfft! Zeichnen dürfte ick sowas nicht. Amtlich verboten. ,Na, denn hätt' ick Sie janich erst zu holen brauchen', hab' ich jesagt zu dem Polizisten. ,Nächstes Mal zeichne ick erst, und dann ruf' ick die Polizei . . .'."

Das hatte Pinsel-Heinrich später nicht mehr nötig. Die ranghöchsten Beamten der Berliner Polizei rechneten es sich zur Ehre an, ihm auf den traditionellen Zille-Bällen im Sportpalast Referenz zu erweisen. Was auch die Chefs der großen Unterwelt-Vereine nicht verabsäumten. Kleine Pannen ließen sich bei solcher Begegnung, gewissermaßen außer Dienst, nicht vermeiden. So wurde auf dem letzten Zille-Ball am 4. Februar 1928 einem Taschendiebstahl-Experten der Kripo die Armbanduhr entwendet. Entrüstet unterrichtete er seinen ebenfalls anwesenden Chef. Der plauderte danach bei einer Zigarre mit einem der Ring-Bosse – und wenig später war die Uhr wieder da. Ein Diebstahl? Bewahre, man habe sich nur einen kleinen Scherz erlaubt, versicherte der Überbringer. Es sollte bewiesen werden, daß auch ein Experte einem Taschendieb von Rang nicht gewachsen ist: „Unsere Polizei muß eben noch viel wachsamer werden . . .“

Für die altgedienten Militärs – aus Kaisers Rock in den der Polizei geschlüpft –, war die Unterwelt vor dem ersten Weltkrieg noch leicht überschaubar. Mit wem hatten sie es denn schon zu tun? Betrüger und Hochstapler galten fast schon als Kapitalverbrecher. Der Alltag bescherte den Blitzableitern (auf die Helmspitze bezogener Spitzname) neben der Aufsicht über die Straßendirnen meist nur unbedeutende Ganoven, wie Flatterfahrer (Wäschediebe auf Hausböden) oder Stipper, die Ladenkassen mittels Leimruten bestahlen. Ein zeitkritischer Bericht aus dem Berlin der achtziger Jahre des 19. Jahrhunderts nennt weitere Sparten: „Die Kracherfahrer oder Goleschlächter bestehlen die von und zu den Bahnhöfen fahrenden Rollwagen. Die Chilfer verüben Diebstähle beim Geldwechseln. Die Kastenschieber räumen die Ladenkassen aus. Eine erst neuerdings aufgekommene Klasse bilden die Marder, so die Briefkastenmarder, Kinder, welche in geschickter Weise mit ihren kleinen Händen die öffentlichen Briefkästen berauben; Gänsemarder, Diebe, welche im Herbst die fetten Gänse von den Küchenfenstern mit einem besonderen Diebesgeräth stehlen; Paletotmarder, die aus ‚Versehen' in Restaurationen fremde Überröcke anziehen und mitnehmen u. dgl. m. Alle diese Verbrecher arbeiten lediglich in ihrer Spezialität und lassen sich nie oder nur ungern zu anderen Streichen herbei."

Gute Bullen sind willkommen

Das waren Lappalien, gemessen an dem, was der Berliner Polizei in den zwanziger Jahren zu schaffen machte:

Mord und Todschlag, Bankeinbrüche und Straßenraub, Rauschgiftkriminalität und Mädchenhandel. Kapitalverbrechen bekommen Hochkonjunktur, wovon allerdings die „Ehrenwerten" der Zunft nur sehr selten profitieren. Im Gegenteil: Razzien und Fahndungen brachten Unruhe ins Revier, schränkten die beruflichen Möglichkeiten ein. Dem galt es vorzubeugen.

Die Stimmungslage in der Unterwelt wurde auch auf dem Polizeipräsidium am Alexanderplatz erkannt. Das wollte man sich dort zunutze machen. Über eine längere Zeitspanne hinweg kam es so zu einer Kooperation zwischen Polizei und Ringbrüdern. In dem Immertreu-Prozeß gegen die Anstifter der Straßenschlacht am Schlesischen Bahnhof – er fand Anfang August 1929 statt – wurde seitens der Polizei bestätigt, daß sie die Ringvereine duldet und respektiert, weil diese „für Sicherheit und Ordnung im Kiez und auf der Straße sorgten". Der als Ermittler in Sachen Immertreu tätige Kommissar Kanthak hob in seiner Aussage hervor, der Verein hätte immer einen „leidlich guten polizeilichen Leumund gehabt, im Gegensatz zu den ringfreien Vereinen".

Es bestand nach den Worten des damaligen Polizeipräsidenten Karl Zörgiebel, eine „halboffizielle Fühlung". Einer der Gründer von Immertreu brüstete sich unter Hinweis darauf, daß sein Verein das Banditenunwesen im Scheunenviertel und Umgebung in Schach hielte: „Wir haben der Polizei immer geholfen!" Das traf in gewissen Grenzen zu. Ging es um Mord, Sexualdelikte oder andere Schwerverbrechen, erhielt die Kripo manchen Tip von den Ehrenwerten. Sie erreichten damit wohlwollende Duldung, die Vorteile brachte. Das Spielchen Räuber und Gendarm gestattete beispielsweise den Ringvereinlern, mit ausdrücklicher behördlicher Genehmigung öffentliches Auftreten bei der traditionellen Herrenpartie von einer Musikkapelle begleiten zu lassen.

Andererseits gehörte eine ganze Reihe Krimina-ler zum Stammpublikum der Kellerkneipen im Scheunenviertel. Etwa beim Hundegustav im Poe-

Das Polizeipräsidium am Alexanderplatz

tenviertel, in der Kaschemme von Rheese, Neue Schönhauser Straße, auch im Linienkeller in der Linienstraße oder in der Weinmeisterstraße im Albertkeller, wie der Reporter Eugen Szatmari seinerzeit in Erfahrung brachte:

„Manchmal erscheint ein Kriminalkommissar – ist er im Dienst, kommt er auf einer Streife, sucht er jemanden, dann ist die Stimmung allerdings recht frostig, sobald er eingetreten ist; kommt er aber als Privatperson und will er gegenüber keinem einzigen Gast des Lokals ein gewisses persönliches Interesse bekunden, so empfängt man ihn freundlich, ja freudig. Es wird vielleicht verwunderlich erscheinen, aber es ist Tatsache, daß es Kriminalbeamte gibt, die eine gewisse Popularität in der Verbrecherwelt genießen, ja zu einem gewissen Grade beliebt sind. Es gibt freilich auch gewöhnliche ‚Kriminale‘, die man nur über die Achsel hinweg betrachtet, aber ‚Bullen' wie Dettmann, Engelbrecht oder Wild, von denen man sehr gut weiß, daß sie tüchtige Kerle sind, die vor keiner Gefahr zurückschrecken, aber auch Menschen, deren Wohlwollen sich auch vor dem Verbrecher nicht verschließt, werden auch in dieser Welt ihrer ewigen Gegner geachtet und geschätzt . . .“

Ein Komplize in der Kripo

Dennoch machte man sich im Polizeipräsidium über den dubiosen Charakter der Helfer aus der Unterwelt keine Illusionen. Die straffe Organisation der Ringvereine erleichterte zwar den Überblick über die Unterwelt und deren Kontrolle. Negativ aber wirkte sich das landesweit geknüpfte Netz der Ring-Organisationen aus. Es erschwerte oder durchkreuzte gar Fahndungen nach flüchtigen Ganoven. Außerdem fanden die gutsituierten Ringvereine unter den schlechtbezahlten subalternen Beamten des Polizeiapparats – nicht nur in den Revieren in ihrer Nachbarschaft – zu viele willige Informanten und Handlanger.

So ließ ein Kriminalwachmeister im Erkennungsdienst der Kripo in den Wirren der Nachkriegszeit den Hotel- und Villeneinbrecher Karl Friedrich Bernotat, einen Spitzenganoven, gegen gutes Schmiergeld einfach verschwinden. Er kaschierte in den Haftbüchern des Präsidiums die Bernotat betreffenden Eintragungen und überklebte im Verbrecheralbum dessen Foto mit einem

Blatt Papier, Aufschrift: „Verstorben". Dank dieser Manipulationen konnte der Gentleman-Verbrecher unangefochten seinen Geschäften als Besitzer eines schwunghaften Automobilhandels und eines eigenen Rennstalls nachgehen, von dessen dunkler Vergangenheit niemand etwas ahnte.

Bis durch einen Zufall der damalige Kripokommissar Gennat im Archiv auf die frisierten Blätter stieß. Bernotat wurde verhaftet. Doch als ihm am 1. August 1922 der Prozeß gemacht werden sollte, waren plötzlich auch alle Unterlagen der Staatsanwaltschaft unauffindbar. Noch vor dem neuen Gerichtstermin, Ende September, gelang dem Salonverbrecher die Flucht aus der U-Haft: in der Verkleidung eines Anwalts.

Doch Gennat, dem daran lag, dem Komplizen innerhalb der Kripo das Handwerk zu legen, gab nicht auf. Fahndungsmeldungen gingen an alle Polizeistationen Deutschlands. In einem Wiesbadener Hotel tappte der Entwichene in die Falle. Er sprang aus dem Fenster, brach sich dabei ein Bein und mußte sich geschlagen geben. Man brachte ihn zurück nach Berlin. Gennat bediente sich eines Tricks. Er richtete es ein, daß der verhaftete Bernotat seiner Frau unbeobachtet einen Kassiber zustecken konnte. Der Zettel enthielt, was der Kriminalist suchte, den Namen des bestochenen Beamten. Der mußte nun sein Büro mit der Zelle vertauschen.

Bernotat wanderte 1923 für zehn Jahre ins Zuchthaus, blieb danach immer noch der Brechstange verwandt, wie es im Ganovenjargon hieß. Er wurde deshalb 1937 erneut zu vier Jahren

Zuchthaus verurteilt und angeblich auf der Flucht erschossen.

In den „Berliner Gaunergeschichten" wird noch ein anderes Beispiel für die Unterwanderung der Polizei erzählt: die erfolglos verlaufende Großrazzia in der Nacht zum 16. Januar 1929: „Zwar zogen über 1000 Schutzleute in die Gegend am Schlesischen Bahnhof und riegelten ganze Blocks ab, während mehr als 100 Kripos die Lokale durchkämmten und mehr als 200 Verdächtige vorläufig festnahmen. Aber die eigentlich Gesuchten fanden sie nicht. Die waren auf unerklärliche Weise gewarnt worden.

Um 22 Uhr versammelten sich die Teilnehmer der Razzia auf dem Hof des Berliner Polizeipräsidiums. Um 21.15 Uhr erhielt die ‚Vossische Zeitung' einen telefonischen Hinweis auf die kommende Aktion von Mitgliedern eines Ringvereins."

Es gelang den Ordnungshütern nur selten, einen bestochenen Helfershelfer der Unterwelt in den eigenen Reihen zu entlarven. So kam zum Beispiel erst 1932 ans Tageslicht, daß im Kriminalgericht Moabit seit Jahr und Tag eine reibungslos funktionierende Aktenbeseitigungsorganisation ihr Unwesen trieb. Neben Boten und Justizbeamten niederen Grades waren zwei Juristen mit von der Partie. Die Clique hatte unter anderem die Akten für die Eröffnung des Strafverfahrens gegen die beiden Straßenräuber aus dem Ringverein Friedrichshain, im Januar 1929, auf Nimmerwiedersehen verschwinden lassen.

Ungeachtet solcher Pannen hielt die ungleiche Partnerschaft bis Anfang der dreißiger Jahre.

Auch die Justiz ignorierte gelegentliche Ausrutscher eines Unterweltvereins. Meist fanden sich sowieso keine Belastungszeugen. Statt dessen brachte ein in die Klemme geratener Ringverein mit Leichtigkeit Entlastungszeugen auf die Beine, die im Brustton ehrlichster Überzeugung das Blaue vom Himmel herunterlogen und notfalls auch beschworen.

„Die Richter vom Kriminalgericht in Moabit wissen das, aber es gelingt ihnen nie, diese Zeugen – die meist von den Angeklagten benannt, von einem Winkeladvokaten instruiert und für ihre ‚Hilfe' belohnt werden – eines Meineides zu überführen", erläutert Rulands Berlin-Report die Misere der Richter und Staatsanwälte. „Als einmal der Kammervorsitzende einen dieser Zeugen – es ist ‚Nuckel-Paule' – auf die Heiligkeit des Eides hinweist, fühlt der Schmierensteher Justitias sich so sehr in seiner ‚Ehre' gekränkt, daß der Gaul mit ihm durchgeht und Paule treuherzig erklärt: ‚Ick weeß, Herr Präsident! Aba – Ick möcht' den Eid seh'n, hohet Jericht, den ick nich schwöre!' Damit, freilich, hat ‚Nuckel-Paule' unter dem Lächeln der Auguren seine Rolle charakterisiert."

Die Aktivität der Ehrenwerten schloß auch die größtmögliche Überwachung von Einzelgängern ein; von Solisten, die keinem Verein angehörten. Ein besonders scharfes Auge hatten die Bruderherzen auf Typen, die ihnen ins Handwerk pfuschen und die unerwünschte Aufmerksamkeit der Polizei auf einen Verein lenken könnten. Solche Spielverderber wurden rücksichtslos verpfiffen. Oft nur, um lästige Konkurrenz auszuschalten.

Und so erlebte manchmal ein Solist, wenn er vor Ort mit Schränkzeug (Einbruchswerkzeug) und Tanteln (Nachschlüssel) zur Tat schreiten wollte, daß ihn die Kripo schon erwartete.

Der Coup der Gebrüder Saß

Es gab aber auch Solisten, denen sich die Bruderherzen aufs engste verbunden fühlten. Spitzenkönner der Zunft, die neidlos bewundert, vor Polizei und Justiz geschützt wurden. Die Gebrüder Saß zum Beispiel. Zwei Top-Ganoven, umschwärmter Mittelpunkt jeder Felicita der Ringvereine. In den „Berliner Gaunergeschichten" wird ihnen bescheinigt: „Der Ruhm ihres beruflichen Könnens war bereits Legende. Vor allem aber umgab die Meistereinbrecher der Nimbus der Unerreichbarkeit für den Arm des Gesetzes: Franz und Erich Saß für länger hinter Schwedische Gardinen zu bringen, war der große Wunschtraum der erfolggewohnten Berliner Kriminalbeamten." Das gelang nicht, so lange die Ringvereine als undurchdringlicher Schirm existierten.

1929, als sie ihren sensationellsten Coup als „Schränker" landeten, zählte Franz 23, Bruder Erich 22 Jahre. Die Sporen hatten sie sich schon als Halbwüchsige verdient: Im Kriegsjahr 1916 bei Kantinen- und Laubeneinbrüchen unter Anleitung ihres Bruders Max. Die Jugendfürsorge verhalf danach Franz zu einer Lehre als Schlosser – und machte damit unwissentlich den Bock zum Gärtner. Der begabte Lehrling eines soliden Handwerksberufes schwang sich zwar zum Meister seines Faches auf, legte aber das Sprichwort „Handwerk hat goldenen Boden" auf seine spezielle Weise aus. In Bruder Erich fand er einen nicht weniger geschickten und einfallsreichen Helfer bei der Planung, Vorbereitung und Durchführung einer Serie von Bank- und Tresoreinbrüchen, die im März 1927 begann.

Zunächst schöpfte die Polizei keinen Verdacht, obwohl die Jugendsünden der Saß-Brüder in der Einbrecherkartei erfaßt waren. Als Betreiber einer Werkstatt für Autoreparaturen und einer Autovermietung, wurden sie von ihren Nachbarn als rechtschaffene Handwerker beurteilt. Ungewöhnlich erschien allerdings die anspruchsvolle Lebensweise der Inhaber eines nicht übermäßigen Gewinn abwerfenden Unternehmens: Elegante Kleidung, exklusiver Umgang, teure Autos, kostspielige Reisen. Erst ein mißlungener nächtlicher Einbruch in eine Filiale der Dresdner Bank in der Budapester Straße, lenkte im März 1928 die Aufmerksamkeit des Einbruchsdezernats auf das Bruderpaar. Die Beschreibung eines Händlers, der den am Tatort gefundenen Schneidbrenner an zwei Männer (Namen und Adresse stellten sich als falsch heraus) verkauft hatte, deuteten auf Franz und Erich Saß hin. Sie wurden in Untersuchungshaft genommen, kamen aber bald wieder auf freien Fuß: Es konnte ihnen nichts bewiesen werden. Auch die Unterwelt lieferte keinen Tip. Fragen nach den Brüdern Saß, gestellt von Achtgro-

67

schenjungen der Polizei, antwortete verständnisloses Achselzucken.

Kurze Zeit später scheiterten zwei weitere Versuche des Schränker-Gespanns an technischen Pannen. Doch die Tresorknacker steckten nicht auf. Am letzten Wochenende im Januar 1929 vollführten sie ihr Meisterstück. Einen Raubzug, der als Klassiker in die Kriminalgeschichte eingehen sollte und ihren legendären Ruf auf Dauer festigte.

Als am 28. Januar, einem Montag, in der Filiale der Berliner Disconto-Gesellschaft am Wittenbergplatz der große Tresorraum, in dem Millionenwerte lagerten, geöffnet werden sollte, rührte sich die vierzig Zentner schwere Panzertür keinen Zollbreit. Obwohl äußerlich unversehrt, war sie selbst von Spezialisten nicht zu öffnen. Ein Verbrechen schlossen die Banker aus. Sie gaben dem U-Bahn-Vortrieb neben dem Gebäude die Schuld. Wahrscheinlich hätten sich die Grundmauern gesenkt und damit den Türmechanismus beschädigt. Ein Argument, das der Prüfung nicht standhielt.

Drei Tage lang wurden immer neue Versuche angestellt und ungeduldig werdende Bankkunden mit Ausreden hingehalten. Dann endlich entschloß sich die Direktion, die mit Stahlgittern armierten, einen halben Meter dicken Betonwände von der Seite her aufzubrechen. Das sich danach bietende Bild übertraf die schlimmsten Erwartungen: 179 der 200 Safes waren aufgebrochen. Die beraubten Kästen lagen in wüstem Durcheinander über dem Boden verstreut. Ein erster Überschlag ergab, daß den Dieben mehr als 150.000 Reichsmark in bar, bedeutende Devisen- und Gold-

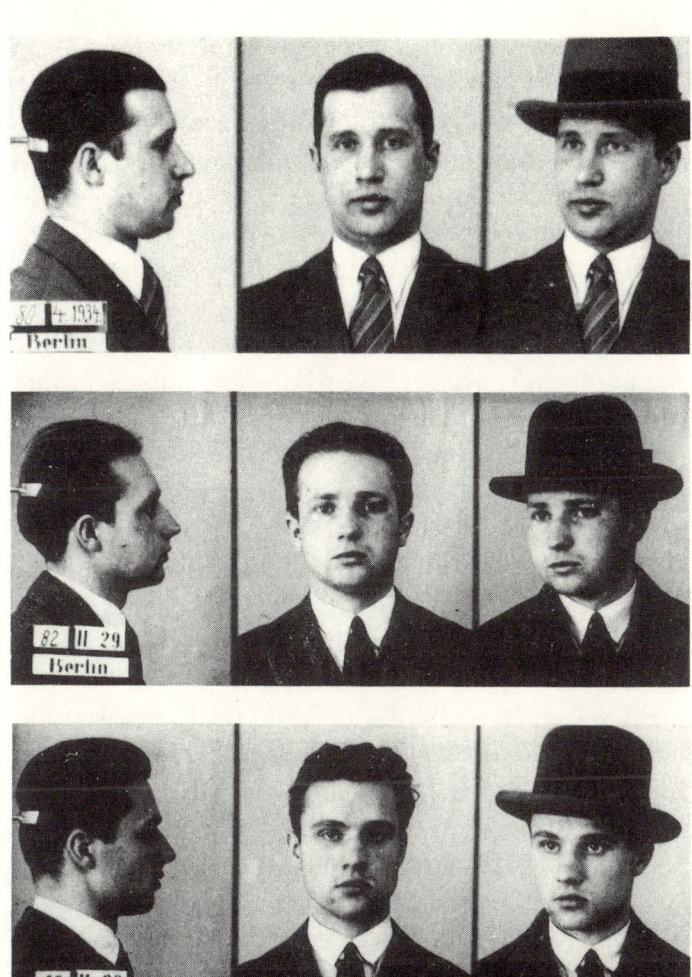

„Mit der Brechstange verwandt": die Gebrüder Saß

vorräte sowie Schmuck und Goldmünzen im Wert von schätzungsweise über zwei Millionen Mark in die Hände gefallen war. Den komplizierten Mechanismus der Panzertür hatten sie auf der Innenseite unbrauchbar gemacht.

Die Ermittlungen der erst nach Entdeckung des Einbruchs alarmierten Polizei führten – den „Berliner Gaunergeschichten" zufolge – zu dem Schluß: „Den Ausgangspunkt bildete ein benachbarter Keller. Von diesem aus wühlten sich die Einbrecher durch die Grundmauern bis unter den Haupteingang Kleiststraße 13. Dort stießen sie auf die Stelle, an der die elektrischen Leitungen ins Haus geführt wurden. Unter diesen starken Kabeln hindurch bahnten sie sich einen Weg . . .

Nun wurde ein unterirdischer Gang geschaffen, 3 Meter lang, 1 Meter hoch, und 70 Zentimeter breit. Etwa 20 Kubikmeter Erde mußten ausgehoben und abtransportiert werden. Und versteckt natürlich auch. Denn wochenlang dauerten diese Vorbereitungen, deren Kosten auf etwa 30 000 Mark geschätzt wurden. Die Höhe dieses Betrages ließ die Vermutung aufkommen, reiche Privatleute hätten dieses Gaunerstück finanziert . . .

Durch den unterirdischen Stollen schafften die Unterweltler den Schweißapparat, die Sauerstofflaschen und ihr Handwerkszeug, als sie am Wochenende vom 26. auf den 27. Januar 1929 in den Tresorraum eindrangen. So sorgfältig wie das Eindringen in den ,absolut sicheren' Tresorraum vorbereitet gewesen war, so sorgfältig waren alle Spuren auf dem Rückzug beseitigt worden. Nur eine leere Schnapsflasche fand sich im Stollen – ohne Fingerabdrücke natürlich."

Die Disconto-Gesellschaft ersetzte den betroffenen Kunden sechzig Prozent der angegebenen, jedoch im Einzelfall nicht nachprüfbaren Verluste. Für die Ergreifung der Täter boten Bank, Versicherung und Polizei insgesamt 70 000 Reichsmark aus. Für damalige Verhältnisse – die Arbeitslosenzahl im Lande hatte die Grenze von 2,2 Millionen überschritten – ein beachtliches Vermögen. Doch allen Verlockungen zum Trotz – die Unterwelt-Zunft hielt dicht.

Die Einbruchs-Experten der Kripo waren von Anfang an überzeugt, an dem phantasievollen, bis ins kleinste ausgetüftelten Bruch die Handschrift der Gebrüder Saß zu erkennen. Ein pedantischer Papierkrieg mit der Justiz verhinderte rasches Handeln, ist den „Gaunergeschichten" zu entnehmen: „Drei Wochen nach dem großen Fischzug im Disconto-Tresorraum, gelang es der Kriminalpolizei endlich, einen Hausdurchsuchungsbefehl für die Wohnung der Familie Saß zu bekommen: Birkenstraße 57, Hinterhaus, vier Treppen – das Haus steht heute noch.

Die überraschende Suche brachte einen – wie die Beamten hofften – entscheidenden Erfolg. Auf dem Wohnzimmertisch lag ein Börsenhandbuch. Was hatte die Familie Saß mit der Börse zu tun? Spekulierte man etwa? Das wäre für einen Berliner Ganoven eine höchst ungewöhnliche Tätigkeit. Beim Hochnehmen klappte das Buch von selbst auf. Die Seite mit den Devisenkursen war an den Ecken eingekniffen.

Einbruchswerkzeug: vom Schneidbrenner bis zur Müllschippe

Nun durchsuchten die Beamten gründlich jeden Zentimeter der Wohnung. Sie förderten dabei ein paar verdächtige Dinge zutage: einen Golddollar, wie er aus einem der Tresore entwendet war, ein

Aufgebrochener Firmen-Geldschrank

Zwanzigmarkstück und zwei Paar Gummihandschuhe.

Die Saß-Brüder wurden gleich mitgenommen.
Gründliche Verhöre mit ihnen führten zu keinen

weiteren Ergebnissen. Und die gefundenen Gegenstände waren ein sehr dürftiges Beweismaterial. Denn die Erklärungen der beiden waren schwer zu widerlegen.

Das Börsenhandbuch wollten sie für ihren kleinen Bruder gekauft haben. Der war gerade 14 Jahre alt und suchte eine Lehrstelle. Da hatte die Familie beschlossen, er solle Banklehrling werden. Bei den guten Erfahrungen, die man mit solchen Institutionen gemacht hatte ...

Die Gummihandschuhe würden im Haushalt verwendet, damit Mutters Hände schön faltenlos blieben. Und den Golddollar habe man gefunden, am 28. Januar sei es gewesen. Ja, in der Gegend am Wittenbergplatz. Auf die kleinliche Frage nach dem Zwanzigmarkstück gingen die Saß-Brüder gar nicht erst ein. ‚Vielleicht verboten, so'n Ding zu haben?' fragte Erich Saß lässig.

Das Beweismaterial reichte also wieder einmal nicht aus. Und es gelang trotz verzweifelter Bemühungen auch diesmal nicht, die Brüder zu überführen."

Ihre Entlassung aus der Untersuchungshaft, heißt es an anderer Stelle, wurde von Reportern, Fotografen und einer schaulustigen Menge gefeiert, „als hätten sie gerade einen ruhmreichen Sieg für das Wohl der Allgemeinheit errungen ... Sie hatten es geschafft. Sie hatten den großen Schlag ihres Lebens gelandet. Sie hatten ein gewichtiges Kapitel Kriminalgeschichte geschrieben, das noch jahrzehntelang in Erinnerung bleiben sollte und zahlreiche Nachahmungen fand ... Die Justiz der Weimarer Zeit konnte Franz und Erich Saß auch weiterhin nichts anhaben, obwohl die beiden sich keineswegs auf ihren Lorbeeren ausruhten."

Ihre Popularität überdauerte das Ende der Nachkriegsrepublik. Als im Februar 1933 der Reichstag in Flammen stand, kursierte in Berlin der Witz: Ein Freund fragt den anderen – „Wer war der Brandstifter?" – „Natürlich die Gebrüder Saß!" – „Wieso denn ausgerechnet die?" – „Na, buchstabiere mal S...A...S...S!"

Zu dieser Zeit hatten sich Franz und Erich Saß längst vor der braunen Lynchjustiz, die unter dem Mäntelchen eines „gesunden Volksempfindens" ihre Freunde aus der Unterwelt eliminierte, in Sicherheit gebracht. Nach Dänemark. Ihrem Schicksal entgingen sie dadurch nicht. 1934 in Kopenhagen eines Tresoreinbruchs überführt, trotz gefälschter Papiere erkannt, verbrachten sie vier Jahre im Gefängnis. Nach Verbüßung der Strafe von den Dänen abgeschoben, gerieten sie im März 1938 in die Mühlen der NS-Justiz. Am 27. Januar 1940 – auf den Tag elf Jahre nach ihrem größten Bankraub – erging das Urteil wegen „gemeinschaftlichen schweren Diebstahls und Devisenvergehen": Franz Saß 13 Jahre, Erich Saß 11 Jahre Zuchthaus. Dazu je 11 500 Mark Geldstrafe und anschließende „Sicherungsverwahrung". De facto – ein Todesurteil. Zwei Monate später wurden beide aus dem Zuchthaus Brandenburg zur Verlegung von der Gestapo abgeholt – und nach gängiger Praxis „auf der Flucht erschossen".

Die Zunft versteht zu feiern

Der Friedhof der Sebastiangemeinde im Berliner Norden. Unter einem regenverhangenen Himmel zieht eine endlose Trauerprozession durch die von Gräberreihen gesäumte Allee. „Befiehl du meine Wege", dröhnt es feierlich aus Trompeten und Posaunen. Dem Sarg auf dem schwarzverkleidetem Katafalk folgt langsam eine Schar ernst dreinblickender Herren in Frack und Zylinder mit Bannern und Kränzen. Nicht weniger würdevoll in Kleidung und Haltung die mehr als zweihundert Herren, die gemessenen Schritts dem teuren Toten das letzte Geleit geben.

An der Grabstätte senken sich die Banner. Ein Männerchor singt, während der Sarg in die Tiefe geleitet: „So nimm denn meine Hände und führe mich".

Barhäuptig lauscht die Trauergemeinde dem Redner, der dem Verstorbenen den Nachruf widmet: „Er war einer von uns. Er war einer unserer Besten. Wir werden ihn niemals vergessen." Eine Handvoll Erde von jedem als letzten Gruß. Begleitet von der Trauermusik . . . „Ich hatt' einen Kameraden" und – eine in diesem Kreis wohl nicht ganz ernstzunehmende Mahnung – „Üb' immer Treu und Redlichkeit bis an das kühle Grab".

Denn hier wurde nicht ein besonders nützliches oder hochrangiges Mitglied der Gesellschaft zu Grabe getragen, sondern Clamonis-Kutte, ein Berufskrimineller, ein Einbrecher, der mit dem Clamonis (Dietrich) besonders gut umgehen konnte. Er war langjähriger Aktiver des Ringvereins Immertreu gewesen.

Pompöse Trauerfeiern einschließlich Bestattung erster Klasse sowie finanzielle Unterstützung der Hinterbliebenen gehörten zum Kodex der Bruderherzen. Nach den Satzungen des Vereins, dem Clamonis-Kutte angehört hatte, galt es als „die höchste Ehrenpflicht, jedes Mitglied so zu beerdigen, wie es die Ehre und Würde des Vereins ‚Immertreu' verlangte".

Herrschte Ebbe in der Vereinskasse, wurde gesammelt, und auch die Brudervereine steuerten ihr Scherflein bei, waren am Grab mit Fahnenabordnungen und Kranzspenden vertreten. Den übertrieben aufwendigen Totenkult konnten sich dennoch nur die großen Vereine leisten, was ihnen bei den neidvollen minderbemittelten den Ruf von Beerdigungsvereinen eintrug.

Gestandene Ringbrüder, wie den Chef von Immertreu, focht das nicht an. Vor Gericht erklärte Adolf Leib einmal: „Ick denk' imma an die Worte von meene Mutter. Die werd' ick einfach nie vajessen. Adolf, hat' se jesagt, dir wer'se an'ne Friedhofsmauer verscharr'n. Keen Mensch wird hinta dei'n Sarch jehn. Sowat vajißt man nie. Und deswejen is für uns een anständ'jet Bejräbnis so wichtich."

„Een anständ'jet Bejräbnis" – das hatte der Beliner Unterwelt eine gewisse Tradition: In den neunziger Jahren des vorigen Jahrhunderts wurde in der Oranienstraße eine Prostituierte ermordet. Ihrem Sarg folgten mehr als hundert Pferdedroschken mit Leidtragenden aus dem Scheunenviertel.

Einen entgegengesetzten Charakter hatten die Auferstehungsfeiern der Zunft. Sie waren für den Fortbestand eines Vereins wichtig. Wurde ein Mitglied nach Abreißen seiner Jemmchen entlassen, erwartete den „von einer Reise Zurückgekehrten" oder „von den Toten Auferstandenen" vor dem Gefängnistor ein festlich gekleideter und ebenso gestimmter Chor seiner Vereinsbrüder. Er wurde mit einem Lied begrüßt . . . „Dies ist der Tag des Herrn" oder „Gott grüße dich", und ab ging es im blumengeschmückten Wagenkorso zum Vereinslokal, wo die Auferstehung als Verstärkung des Ringes der Bruderherzen gebührend begossen wurde.

Das Vereinslokal diente als zentraler Treffpunkt für die wöchentlichen Sitzungen und für kleinere Feten. Immertreu zum Beispiel residierte in einer Kneipe in der Andreasstraße, Felsenfest in der Madeistraße, Centrum in der Rosenthaler Straße. Alles öffentliche Destillen, doch gut abgeschirmt durch eine unauffällige Postenkette, bestehend aus Straßenhändlern, Bettlern und ähnlich branchenkundigen Helfern. Außerdem verfügte jeder Verein über Verkehrslokale, wo sich jederzeit Ringbrüder aufhielten; eine stets verfügbare Eingreifreserve bei Schlägereien im Revier oder für Strafexpeditionen. Von Fall zu Fall, meist aus Sicherheitsgründen, wurden Sitzungen in ein solches Ausweichquartier verlegt. Bevorzugt waren Kneipen mit schnellen Fluchtwegen. So konnte man beispielsweise bei einer drohenden Razzia aus dem Schwarzen Walfisch in der Madeistraße über eine Hinterhofmauer ungesehen in die angrenzende Lange Straße verschwinden.

Zille in der Mulackritze

Gelegentlich luden die Bruderherzen in ihre Vereinslokale Außenstehende, die sie aus diesem oder jenem Grunde schätzten. So kam einmal Heinrich Zille (1858–1929), der Pinselheinrich des proletarischen Berliner Milieus, überraschend zu dieser Auszeichnung. Der nur aus zwölf Mitgliedern bestehende Athleten-Club Cyklop bat ihn zur Vorfeier des zehnjährigen Stiftungsfestes. Gefeiert wurde in der Kneipe Zum gemütlichen Carl in der Mulackstraße, wo Zille schon manche Type zu Papier gebracht hatte. Was er dort erlebte, hat der Autor Erich Kranz in „Budiken, Kneipen und Destillen" festgehalten:

„Der ‚gemütliche Carl' war an diesem Abend für Publikumsverkehr geschlossen. Die Vereinsmitglieder und die Gäste (Zille ließ sich vorsichtshalber von seinem Freund Hermann Frey begleiten – d. A.) kamen durch die Wohnung (des Wirtes) Carl Erbes. Es war festlich gedeckt im Vereinszimmer und im Hauptraum der Wirtschaft. Nach einem üppigen Eisbeinessen, bei dem das Fleisch durch so manchen kühlen Korn im Magen zerteilt wurde, wie Carl Erbe sich ausdrückte, gab es einige kurze Ansprachen, und schließlich schwelgte man in Erinnerungen. Es war überhaupt so, als feiere der Kaninchenzüchterverein oder der Schrebergartenverein sein Stiftungsfest.

Aber es blieb nicht so. Nach einiger Zeit wurden die Tische zusammengestellt. Das Lokal verwandelte sich in einen Spielsaal, und mit kräftigem Einsatz wurde gespielt.

‚Es ist wohl selbstverständlich, daß wir ohne Zocker spielen‘, sagte Carl Erbe zu Beginn leise, und die Runde stimmte sofort zu. Zocker nannte man hier die gezinkten Karten, die durch feine Nadelstiche präpariert worden waren. Die Stiche waren so geringfügig, daß man sie nicht sehen konnte. Nur das Fingerspitzengefühl eines geübten Spielers konnte sich auf die Markierungen verlassen.

Gezockt wurde also nicht, wenn die ‚Cyklopen‘ miteinander spielten. Gastwirt Erbe hielt die Bank. Das Spiel hieß ‚Meine Tante – deine Tante‘. Carl Erbe hatte vier Streichhölzer rechts neben sich liegen, die die einzelnen Kartenfarben darstellten. Rechts lag ein Bündel Geldscheine und ein Häufchen Geldstücke. Und wiederum rechts davon lag ein großes, dolchartiges Messer . . .

Als Zille das Messer neben Carl Erbe sah, fragte er einen neben ihm sitzenden Gast, was das denn solle. Der Gefragte klärte Zille leise, aber gründlich auf. Es sei schon vorgekommen, daß ein Verlierer in der Aufregung nach dem Bankgeld gegriffen habe, erzählte der Mann. Da verstehe Carl aber keinen Spaß. Ohne ein Wort zu sagen, stoße er dem Frevler dann blitzschnell das Messer durch die Hand.

Ob das denn wirklich schon einmal passiert wäre, wollte Zille jetzt wissen. Sein Nachbar nickte mit dem Kopf. ‚Zweimal schon‘, sagte er. ‚Aber Carl ist ja im Recht.‘ Da wollt sich Heinrich Zille auf keine weitere Diskussion einlassen. Ein Blick zu Hermann Frey, und die beiden Gäste verzogen sich unauffällig und überließen die Spieler ihrem Schicksal und möglicherweise dem spitzen Messer vom ‚gemütlichen Carl‘.“

Brillanten für treue Dienste

Blutiger Lohn für lange Finger – goldener für redliche Vereinsbrüder. Nach dieser Spielregel verfuhren sie im Umgang miteinander. Ganoventreue wurde besonders hoch gewertet. Wer ein Jahr dabei war und seine Sore, seine Beute, mit dem Verein geteilt hatte, dem steckte der Vorsitzende zur Belohnung einen goldenen Siegelring mit den Vereinsinitialen an den Finger. Ein Zweijähriger erhielt für „treue und verdienstvolle Mitgliedschaft“ eine goldene Sprungdeckeluhr, und wer gar fünf Jahre unter dem Vereinsbanner „mit Köpfchen und Hand“ gewirkt hatte, dem war ein Brillantring von einem Karat sicher.

Gelegenheiten, solche Pretiosen einem größeren Kreis und in angemessenem Rahmen vorzuführen, schufen sich die Bruderherzen oft und gern. Etwa, wenn die Fürstin eines ihrer Oberen

Geburtstag hatte. Fred Hildenbrandt, langjähriger Feuilleton-Chef beim Berliner Tageblatt, und der mit ihm befreundete Berliner Volksschauspieler und Humorist Paul Graetz wohnten Ende der zwanziger Jahre einer solchen Gala-Fete als Ehrengäste bei.

Ein Auto brachte sie auf verschlungenem Kurs in eine Nebenstraße der City. Ein Schmieresteher nahm die Herren in Empfang und geleitete sie zu einem gutbürgerlich wirkenden Mietshaus aus den Gründerjahren. Der Klub der Gastgeber befand sich im Hochparterre. In einem hochelegant eingerichteten, kerzenerhellten Festsaal tafelte die Geburtstagsgesellschaft. Beim Eintritt der Ehrengäste erhoben sich die fünfzig bis sechzig Personen feierlich von den Plätzen. Hildenbrandt und Graetz verschlug der Anblick die Sprache: „Das Ganze war zu überwältigend . . . Fräcke und Smokings allererster Machart . . . kostbare Abendkleider, aus denen ganz reizende junge Mädchen und noch reizendere schöne Frauen uns entgegenlächelten. Es funkelte von Silber und Kristall, es schimmerte echtes Porzellan. Riesige Vasen aus wundervollem Glas standen auf den Tischen. Gläser und Kelche blitzten, die goldene Hälse unzähliger Sektflaschen der teuersten Sorten ragten aus silbernen Kühlern. Es war alles echt."

Als die Ehrengäste sich von ihrer Überraschung erholt hatten, trat ein „kahlköpfiger, dicker, bleicher Mann im Frack (am linken Knopfloch einige Miniaturorden)" auf sie zu: „Ick heiße Ihnen und Ihren Intimus in unseren vajnügten Kreise allerherzlichst willkommen! Et is uns eene janz jroße

Ehre, det Sie sich und Ihr Intimus zu dieser vajnügten Jeburtstachsfeier unserer Nelly bejeben haben . . . Kapelle . . . Tusch!"

Paul Graetz darauf in derselben Tonart: „Die Ehre is janz und jar uff unsere Seite. Ick ruhe und raste aber nich, bis ick mir den holden Jeburtstachskind zu Füßen jeschmettert habe. Ick bitte um den Vorzug, mit die vaehrte Dame bekannt jemacht zu werden!"

Der Dicke führte die Gratulanten, „jeden von uns mit einem festen Polizeigriff am Arm", zur Mitte der Tafel: „Hier saß sie. Die Königin des Festes. Die Freundin des Gangsterchefs. Und sie war keineswegs eine üppige Blondine oder eine blauschwarzgescheitelte Teufelin. Sie war ein schmales, liebliches Etwas mit großen erstaunten, hellbraunen Augen, die uns schüchtern entgegenblickten."

Im Laufe der Nacht entpuppte sich allerdings das „Wesen der Unterwelt, das sich mühelos wie eine grande dame benahm" als „sanfte Menschenfresserin von gefährlichem Reiz", beobachtete der Journalist. Und auch dieses: „Übrigens triefte sie vor Schmuck, und er stand ihr vorzüglich. Auch dieser Schmuck war echt: die feuerspeienden Brillantringe an den Fingern, das halbmondförmige Diadem blauschimmernd im Haar und die vierfache mattweiße, unglaubliche Perlenkette um ihren schlanken Hals . . . Ich erfuhr später, daß nichts, aber auch nichts, nicht ein einziges Stück von allem, was ich sah, etwa Diebesbeute gewesen ist. Es war alles gekauft. Jedoch ersparte ich mir das Nachdenken darüber, woher das Geld für solche Käufe gekommen war."

Neben der Unterwelt-Fürstin saß der Gastgeber und Chef des feudalen Ringbrüder-Klubs: „Er war, wie er ging und stand, die Romanausgabe eines Gangsters, die oft beschriebene, bösartige und zugleich bestechende Ausgabe. Schmal gebaut, durchaus das Gegenteil von einem Hünen ... regelmäßiges, völlig unbewegliches Marmorgesicht, anmutige Bewegungen, aber im ganzen doch ein liederliches, blasiertes Gesicht, schwere Augenlider, gut geschnittener Mund, tadelloser Frack. Aber nach bester Bürger- und Verliebtensitte spielte eine seiner Hände mit den Nackenhaaren seiner Freundin."

Wie der Herr, so's Gescherr! Seine Ringbrüder waren „höfliche, zuvorkommende, aufrichtige, zutrauliche junge, ältere und alte Männer in bester Abendkleidung und mit vorbildlichen Manieren .. Nicht ein einziges rohes Wort fiel. Nicht der Hauch einer Zote wurde hörbar ... Einer wie der andere bewegte sich gewandt wie ein hochgeborenes Mitglied des Adels auf glattestem Parkett".

Der Journalist, der angenommen hatte, er werde „einen lebenden Akt aus der ‚Dreigroschenoper' mit echten Personen" erleben, war zutiefst beeindruckt: „Dies also war die Unterwelt. Und das erste eigentümliche Gefühl, das mich beschlich, war tatsächlich ein Zuhausegefühl – ein Gefühl der Vertrautheit mit diesen Leuten, die doch der Übeltat frönten. Aber ich hätte in dieser Stimmung, die mich unversehens überfallen hatte, auf Anforderung hemmungslos Schmiere gestanden oder bei einem Einbruch Assistenz geleistet. Mir wäre weiter nichts darüber eingefallen. Ich hatte, um es ganz genau zu sagen, ich hatte in diesem Kreis in ganz kurzer Zeit das soziale Gefühl, das Empfinden für Recht oder Unrecht verloren. Das Gesetz sagte mir nichts mehr. Das war denn doch eine sehr eigentümliche Sache. Also hatte das Verbrechen am Ende doch einen seiner Beweggründe in der Umgebung, in der man sich aufhielt ...“ Dennoch übersah Hildenbrandt nicht: „Wenn mich bisweilen aus einem unbeweglichen Gesicht unter halbverhangenen Augen ein eiskalter, forschender Blick traf, kein feindlicher Blick, nur ein scharf beobachtender, dann wurde mir unbehaglich, und mein gemütliches Zuhausegefühl erlosch zur selben Sekunde. Ich wurde mir wieder bewußt, daß ich in der Unterwelt war.“

Wenn der Bulle mit der Mulle

Höhepunkt der außergewöhnlichen Geburtstagsfeier am Rande der Legalität war eine Laudatio der „Romanausgabe eines Gangsters“ auf Paul Graetz, der zum Ehrenmitglied erhoben wurde: „Ich halte von Reden nichts. Aber ich möchte mich bedanken für die große Freundlichkeit, die Sie und Ihr Freund Nelly erwiesen haben. Wir werden das nicht vergessen, meine Kameraden und ich. Wir gehen sehr selten ins Theater, ins Kino oder ins Kabarett. Ins Kabarett gehen wir meistens dann, wenn Sie auftreten, Herr Graetz. Sie sind Berlin. Auch wir sind Berlin. So oder so, jeder auf seine Weise. Ja, das wollte ich sagen. Und noch etwas, und ich glaube, alle meine Freunde werden mir zustimmen. Verehrter Paul Graetz, Sie stehen jetzt unter unserem besonderen Schutz. Ob Sie ihn mal brauchen oder nicht, das können wir nicht im voraus sagen. Sollte Ihnen aber einmal etwas passieren, ein Einbruch bei Ihnen oder ein Taschendiebstahl oder so was, man kann ja nicht wissen, dann geben Sie uns Nachricht, und die Sache wird glattgebügelt . . ."

Seine Worte gingen in stürmischem Beifall und Zurufen wie „Totsicher!" . . . „Allemale!" . . . „Klar wie Butter!" unter. Die Lobrede schloß mit waschechtem Berliner Zungenschlag: „Und det, Herr Jraetz, ick meene den Schutz, det kostet Ihnen kee'n Pfennich!"

Vor dem Verlassen des Ganoven-Klubs im Morgengrauen erlebte Hildenbrandt eine weitere Überraschung. Im Vorzimmer lagen zwanzig Ausgaben desselben Datums der Berliner Morgenpost griffbereit aus: „Es war das Lokalblatt des Ringvereins . . . Diese Entdeckung gab mir zusätzlichen Aufschluß über die Mentalität der Gangster. Sie lasen Ullsteins erfolgreichstes Blatt, das in riesiger Auflage von Berlins Bürgern täglich gelesen wurde." Er zog den Schluß: „Was hatte ich erlebt? Gangster unter sich, zu Hause, daheim, im Klub. Von keinem hatte ich erfahren, welcher Art seine ‚Jeschäfte' waren. Alle hatten ausgesehen wie wohlhabende Bürger. Nur die Schmalen, Glatten, Schlanken, Hübschen, die eigentlichen Schläger, hatten einen Hauch von Verderbtheit um sich verbreitet. Auch Nelly, die sanfte Menschenfresserin. Journalistisch war der Abend, wie vereinbart war,

Saure Wochen, frohe Feste: Feier beim Ringverein Weiße Rose, 1929

nicht auszuwerten. Sein Wort soll man halten. Dann und wann traf ich in den teuren Speiselokalen oder in einer westlichen Bar einen oder den anderen aus dem Klub ‚mit Dame'. Wir sahen über uns hinweg."

Der volkstümliche Paul Graetz war nicht das einzige Ehrenmitglied eines Ringvereins der Berliner Unterwelt. Auszeichnungen dieser Art verstanden sie als Mittel, mindestens als Versuch, einflußreiche Persönlichkeiten des bürgerlichen Lebens zu korrumpieren, die ihnen irgendwie oder irgendwann einmal nützlich sein könnten. Sie setzten dabei oft auf menschliche Schwächen, auf Eitelkeit und Ignoranz. Denn in manchen Berliner Salons galt es als chic, in und mit der Unterwelt zu verkehren.

Anwartschaft auf die Bruderherz-Würde hatten führende Juristen, wie die stadtbekannten Strafverteidiger Max Alsberg und Erich Frey, Theatergrößen vom Range eines Gustav Gründgens, prominente Kriminalisten, aber auch bestsituierte Unternehmer (die sich den mit der „Ehre" verbundenen Schutz ihrer diversen Geschäfte etwas kosten ließen).

Man traf sich mit den Ehrenmitgliedern und anderer Prominenz der Reichshauptstadt meist aus gesellschaftlichem Anlaß. Auf den Felicitas, den Bällen der Ehrenwerten. Mit dem Höhepunkt der gemeinsamen Redoute aller Berliner Ringvereine zählten sie zu den Attraktionen der Ballsaison. Der große Jahresball 1929 fiel allerdings aus. Die Ringbrüder sagten ihn kurzfristig ab, nachdem die blutige Massenschlägerei am Schlesischen Bahnhof der Öffentlichkeit nachhaltig in Erinnerung gerufen hatte, mit wem man es zu tun bekommen konnte . . .

In vorangegangenen friedlichen Zeiten hatte man getanzt beziehungsweise geschwooft – je nach Kassenlage des veranstaltenden Vereins – etwa im exklusiven Hotel Esplanade an der Bellevuestraße, in Walterchens Ballhaus, in der Kleinen Scala oder in den Weddinger Pharus-Sälen. Die Lumpen-Bälle illustrierten das Non plus ultra des Absurden: Die von der bürgerlichen Gesellschaft Ausgestoßenen, als Parias Verachteten, buchstäblich Arm in Arm mit der Kaste der oberen Zehntausend! Die aber genoß in zeitgemäßer Dekadenz den Reiz, mit einem echten Gannew (Gauner) anzustoßen oder sich von einem Masattenheber (Einbrecher) aufs Tanzparkett führen zu lassen.

„Besonders geehrte Gäste" lud man sich aus dem Polizeipräsidium, dem „Alex", ein. In den „Berliner Gaunergeschichten" wird eine solche possenhafte Szene beschrieben: „Der berühmte Kriminalist Gennat (Ernst Gennat, Chef der ersten Berliner Mordkommission – d. A.) versäumte kaum einen dieser Bälle. Seine zahlreichen alten Kunden, die er bei diesen Anlässen traf, spendeten begeisterten Beifall, wenn der beleibte ‚Bulle' (von fast drei Zentnern Gewicht – d. A.) um Mitternacht den Taktstock schwang."

Noch größerer Jubel herrschte auf einem Fest des Ringvereins Glaube, Liebe, Hoffnung 1890, als ein Bulle erster Güte mit einer Mulle das Tanzbein schwang: der Vizepräsident der Berliner Polizei Dr. Bernhard Weiß mit der Fürstin des Vereinsvorsitzenden! Getreues Abbild jener Art von Haßliebe, die in den zwanziger Jahren die Gesetzeshüter mit den Gesetzlosen verband.

Rivalen und Racheakte

„Die Berliner Ringvereine waren das, was man in den USA eine Gang nennt, ein wie Pech und Schwefel zusammenhaltender Klub von Gangstern aller Alter und Sorten. Nur herrschten in Nordamerika diese Klubs in ganz großem Stil. Sie managten dort, wie wir aus Gerichtsverfahren und Tatsachenberichten wissen, bisweilen hohe, öffentliche Ämter, schikanierten ganze Stadtteile, Städte und Teilstaaten und spielten das böse Spiel Raubmörder, Totschläger und Kidnapper an hervorragender Stelle mit. Dagegen waren die Berliner Ringvereine Kindergärten . . .“

Als der Feuilletonist Fred Hildenbrandt diese Einschätzung vornahm, mag er noch unter dem Eindruck seiner Begegnungen in einem der exklusivsten Ganoven-Klubs der Berliner Großen Zehn gestanden haben. Jener Geburtstagsfeier für die Gangsterbraut Nelly mit „höflichen, zuvorkommenden, aufrichtigen, zutraulichen jungen, älteren und alten Männern in bester Abendkleidung und mit vorbildlichen Manieren“.

Die Jagd auf die Wolters-Brüder

Die Wirklichkeit sah inzwischen anders aus. Eiskalte Berufsverbrecher hatten das Sagen. Ihr Wort entschied über das Wohl und Wehe der „Brüder". Manchmal über Leben und Tod.

Im Jahre 1929 standen Hans und Gustav Wolters, zwei Männer vom Geselligkeitsverein Alt-Berlin, vor dem Kriminalgericht in Moabit. Als Zeugen in einem Strafverfahren gegen Vereinsbrüder. Ins Kreuzverhör genommen, verwickelten die Wolters sich in Widersprüche und belasteten damit die Angeklagten. Der Vorstand von Alt-Berlin wertete den Zeugenauftritt als schweren Verstoß gegen die Vereinsinteressen. Unter Bruch des Bruderwortes hätten beide Verrat begangen. Sie wurden vor das Ehrengericht des Vereins zitiert. Solche Organe der Selbstjustiz hatten sich auch andere Vereine der Berliner Unterwelt geschaffen.

Das Ehrengericht stieß im September jenes Jahres die Wolters-Brüder „auf immer und ewig" aus der Zunft der Ehrenwerten und verurteilte sie zum Tode. Was dann geschah, hat Bernd Ruland in seinem Berlin-Report festgehalten:

„Die beiden Verurteilten dürfen zwar das Vereinslokal sofort verlassen, werden aber in den nächsten Tagen und Wochen systematisch zermürbt, von Schlupfwinkel zu Schlupfwinkel getrieben, in dauernder Angst, ihre Brüder könnten das Urteil tatsächlich vollstrecken.

An eine Flucht aus Berlin ist nicht zu denken, denn die Nachrichtenverbindungen zu den Ringvereinen im ganzen Reich würden dafür sorgen, daß sie sofort in ihrem neuen Domizil aufgestöbert werden.

Ende November 1929 stellen zwei Mitglieder von Alt-Berlin die beiden Abtrünnigen in einem Lokal in der Moltkestraße, ganz in der Nähe der Österreichischen Botschaft. Die Henker, tadellos gekleidet, betreten in aller Ruhe das kaum besetzte Restaurant, ziehen ihre Pistolen, schießen ihre ehemaligen Brüder nieder und verschwinden blitzschnell mit einem Auto, das vor der Tür gewartet hat.

Polizei und Sanitäter sind sofort zur Stelle. Die beiden Schwerverletzten haben natürlich ihre ehemaligen Freunde gleich erkannt, weigern sich aber trotz allen guten Zuredens, deren Namen den Kriminalbeamten zu nennen. Sie hoffen nämlich, daß damit der Fall erledigt ist und daß es der Verein mit diesem Denkzettel genug sein läßt. Aber die Abrechnung folgt . . .“

Einige Zeit danach flatterten den Eingeschüchterten Beileidsadressen zum Ableben ins Haus. „Inszenierung eines heimtückischen Annoncenmordes“, las man später in der Presse. Und so wurde er verübt: „In der Nacht zum 10. Dezember 1929 werden die Brüder Wolters an der Ecke Scharrenstraße/Friedrichsgracht erschossen. Alle Ringvereine distanzieren sich entrüstet von dieser ‚Schweinerei’, und die Empörung bei den meisten ist zweifellos ehrlich, weil Mord einfach nicht in ihren Ehrenkodex paßt. Die beiden Täter werden übrigens nie gefunden, obwohl viele Ringvereine der Polizei bei ihrer Suche helfen – im Bemühen, das alte gute Verhältnis wiederherzustellen.“

Mehr Glück hatte ein anderes Bruderpaar, das den Haß der Alt-Berliner zu spüren bekam. Im Herbst 1930 plauderten Erich und Kurt Worgull anläßlich eines Kneipenbesuchs in alkoholisiertem Zustand – ebenfalls unter Bruch des Bruderwortes – streng vertrauliche Angelegenheiten des Vereins aus. Das Ehrengericht kannte auch in ihrem Fall keine Gnade.

Ein später Abend im Latten-Keller, beliebter Treffpunkt vieler Unterweltler, die im Geviert von Linien-, Rosenthaler- und Oranienburger Straße ihre Bleibe haben. Im Scheunenviertel, wo der Hauswirt zur persönlichen Sicherheit die Miete – wie man hier scherzt – „mit dem Revolver kassiert".

Solche Vorsichtsmaßnahme hält Latten-Willy, der Boost (Wirt) des Bierkellers, für überflüssig. Er kennt seine Pappenheimer, und unter dem Tresen liegt für alle Fälle ein Migränestift (Gummiknüppel) stets griffbereit. „Heut' flutscht det Jeschäft", denkt er bei sich, Gläser spülend und die Gäste im Auge behaltend. Zoff im Laden mag er nicht, dafür makabre Scherze. Am Tresen hängt das Warnungsschild: „Wer die Wirtin kränkt, wird uffjehängt!" Natürlich sieht der Boost großzügig darüber hinweg, wenn ein sinnenfroher Zecher seinem „Jewürzspind" die ansehnliche Hinterpartie tätschelt: „Det belebt doch det Jeschäft".

Zwei der Gäste sind ihm allerdings ein Dorn im Auge. Sie hocken an einem Tisch in der äußersten Ecke der von Tabaksqualm und Bierdunst erfüllten Kneipe und stieren trübsinnig in ihre Molle mit Strippe (Bier mit Korn). Sie sprechen kaum ein Wort miteinander, bestellen eine Lage nach der anderen und sehen aus wie der leibhaftige Tod: die Gebrüder Worgull. Eine unsichtbare Schranke trennt sie von den anderen Gästen im Latten-Keller. Niemand nimmt von ihnen Notiz. Sie gehören – wie sich schon herumgesprochen hat – nicht mehr dazu.

Plötzlich öffnet sich die Eingangstür. Drei Männer, die Schiebermützen tief ins Gesicht gezogen, stürzen herein. „He, Worgull", ruft einer. Die Brüder fahren von den Stühlen auf. Doch ehe sie begreifen und Deckung suchen können, fallen mehrere Schüsse. Erich und Kurt Worgull brechen blutüberströmt zusammen. Die Tür fällt ins Schloß. Der Spuk ist in Sekundenschnelle vorbei, noch ehe Latten-Willy und seine Kundschaft erfaßt haben, was sich vor ihren Augen abgespielt hat.

Die Exekutoren des Ringvereins haben jedoch nur halbe Arbeit verrichtet. Das Halbdunkel in der verräucherten Kaschemme bewahrt die Frevler am Bruderwort davor, gänzlich erledigt zu werden. Schwer verletzt werden sie ins Krankenhaus geschafft. Die Kripo versucht, sie zum Sprechen zu bewegen: Wer die Revolverschützen waren? Wissen wir nicht, haben auch keinen erkannt! Wer es gewesen sein könnte? Keine Ahnung!

Die Worgulls schweigen. In der vagen Hoffnung, noch einmal davongekommen zu sein.

Vier Kugeln für den Verräter

Zwei Monate später, in der Nacht zum 10. Dezember 1930, durchstreift der inzwischen genesene Erich Worgull, 33 Jahre, wohnhaft Annenstraße 13, das Revier. Seit der Entlassung aus dem Krankenhaus wagen sich die Brüder nur noch in der Dunkelheit auf die Straße. Zwar haben sich die Alt-Berliner bisher nicht gerührt, aber sicher ist sicher.

Erich, couragierter als sein Bruder Kurt, schlendert eines Abends zur Friedrichsgracht Nummer 15, wo er früher Stammgast war, und bestellt ein Bier. Auch hier spricht nur der Boost mit ihm. Was Erich Worgull nicht ahnt – im Hinterzimmer sind 15 Alt-Berliner zu einem Umtrunk versammelt. Einer von ihnen erkennt auf dem Weg zur Toilette den Verräter. Minuten später stehen sie wie eine Mauer vor ihm, seine einstigen Bruderherzen. Mustern ihn höhnisch und mitleidlos. Einer schüttet ihm das Bier über den Kopf: „Haste deinen Totenschein jleich mitjebracht?!" Der Bedrängte springt auf, wehrt sich. Es setzt Faustschläge und Fußtritte.

Der Wirt versucht zu schlichten. Er wird beiseite gedrängt. Diesen Moment benutzt Erich Worgull zur Flucht. Er rennt auf die Roßbrücke zu. Hört im Rücken die Verwünschungen seiner Verfolger. Hört auch drei Stundenschläge vom nahen Rathausturm. Da treffen ihn mitten auf der Brücke vier Schüsse in Rücken und Bauch. Er stürzt bewußtlos auf das Pflaster. Nachtbummler, von den Schüssen angelockt, nehmen sich seiner an. Sie geben später der Polizei zu Protokoll, daß bei ihrem Erscheinen „mehrere Männer" von der Brücke flüchteten. Die Spur verliert sich im Dunkel der Unterwelt. Denn in der Friedrichsgracht wissen Boost und Gäste nur von einer ganz normalen Keilerei zu berichten.

Nach diesem zweiten Mordversuch führt die Kripo eine Großrazzia in den Kneipen der Friedrichsgracht durch, die als Tagungs- und Verkehrslokale des Ringvereins Alt-Berlin bekannt sind. Polizeispitzeln war geflüstert worden, daß dieser Rattenverein hinter der Schießerei stecken könnte. Doch unter den dreißig Verdächtigen, die in der Grünen Minna den Weg zum Alex antreten müssen, werden nur drei eingeschriebene Mitglieder des Geselligkeitsvereins ermittelt. Und die trumpfen mit hieb- und stichfesten Alibis auf.

Erich Worgull überlebt auch diesen Mordanschlag. Doch nun ist ihm und seinem Bruder Kurt der Boden unter den Füßen zu heiß geworden. Sie tauchen unter, um dem rächenden Arm der Alt-Berliner zu entgehen.

Feme wie bei der Mafia

Ein von seinesgleichen als wortbrüchiger Verräter gebrandmarkter Ganove, der sich durch Flucht der Vergeltung entziehen wollte, war nirgendwo seines Lebens mehr sicher. In dieser Hinsicht hielten es die Berliner Ringvereine wie die italienische Mafia. In einem der seit Ausgang der zwanziger Jahre immer häufigeren Unterwelt-Strafprozesse in Moabit stellte der Kriminalkommissar Kanthak, Sachverständiger in Angelegenheiten der Berliner Ringvereine, klar: „Wenn jemand aus diesem Milieu mit Streitigkeiten ausscheidet, dann gerät er in eine furchtbare Situation. Die Vereinsbrüder sind dann hinter ihm her wie die Polizei hinter einem steckbrieflich Verfolgten!"

Ein angeklagter Unterweltler bezeichnete in ähnlichem Zusammenhang die gnadenlose Jagd auf Abtrünnige als „radikale Unterstützung gegenüber Außenstehenden". Und zu denen gehörte nach dem Gesetz der Ehrenwerten auch der Verräter. Daher: „Wenn ein Mitglied etwas mit einem Außenstehenden zu tun hat, wird die Sache nicht zu zweien ausgetragen, sondern der andere wird einfach gepackt und niedergeschlagen!"

Diese Methode hatten die Schläger von Nordring, ebenfalls ein Rattenverein, an dem Bruderpaar Orth mehrmals praktiziert. Die beiden waren 1930 wegen „vereinsschädigendem Schuldenmachen" ausgeschlossen worden. Ein Akt, der handgreifliche Repressalien im Gefolge hatte.

Das blieb der Polizei nicht verborgen, so kam es im Oktober jenes Jahres zu einem Prozeß gegen drei einschlägig vorbestrafte „Nordringer".

Das Verfahren erbrachte einen weiteren Beweis für die wirkliche, die verbrecherische Zielsetzung der bürgerlich getarnten Ringvereine. Der Zeuge Böse, Ex-Mitglied von Nordring, sagte aus, es sei ihm gedroht worden. Man werde ihn erschießen und ihm den Kopf abschneiden, falls er ungünstig für den Verein aussagen sollte. Auf dem Gerichtsflur habe er Leute gesehen, die in „unheimlicher

Weise auf und ab gingen" und anscheinend bewaffnet seien.

Eine vom Richter sofort angeordnete Kontrolle bestätigte den Verdacht des Zeugen insofern, als beim Erscheinen der Justizwachtmeister – so berichteten diese – „mehrere Personen ein bißchen eilig" den Flur in Richtung Ausgang verlassen hätten. Das Gericht entsprach darauf der Bitte des verängstigten Zeugen nach Schutz vor einem möglichen Überfall. Er wurde nach der Aussage von Justizbeamten durch einen Hinterausgang des Gerichtsgebäudes eskortiert. Wie berechtigt die Ängste des Zeugen Böse waren, zeigte sich wenige Wochen nach dem Prozeß.

Im Lokal An der schönen blauen Donau, Danziger Straße/Ecke Dunckerstraße, räumt am frühen Neujahrsmorgen 1931 der sechsundzwanzigjährige Kellner Richard Tänzer die Überbleibsel einer langen nächtlichen Feier von den Tischen. Der Schankraum ist leer. Nur an der Theke begießen zwei übriggebliebene Silvestergäste brabbelnd und sabbernd das neue Jahr mit einer Molle. Tänzer geht mechanisch seiner Arbeit nach. Er ist totmüde.

Da betritt Otto Schüler, ein 34 Jahre alter Nordring-Bruder, das Lokal. Ohne ein Wort zieht er eine Pistole aus der Tasche und erledigt den zurückweichenden Kellner kaltblütig mit einem gezielten Kopfschuß.

Der Täter wird gefaßt. Doch vorsätzlicher Mord ist ihm nicht nachzuweisen. Zwischen Tänzer und ihm habe eine „persönliche tödliche Feindschaft" bestanden. Es hätten sich mehrmals schon „fast le-

98

bensgefährliche Schlägereien" zwischen ihnen abgespielt. Was die von Nordring aufgebotenen Berufszeugen treuherzig beeiden. So kommt Schüler mit einer Verurteilung wegen Totschlags davon.

Der wahre Hintergrund der Bluttat: Nach Differenzen mit der Führungsclique von Nordring, hatte eine Gruppe von Mitgliedern unter Führung von Richard Tänzer dem Verein den Rücken gekehrt. Sie gründeten eine eigene Organisation, den Ringverein Nordpiraten 1926 – Santa Fé. Daraus erwuchs eine erbitterte Rivalität – buchstäblich bis aufs Messer –, die schließlich Richard Tänzer, dem Initiator der Abspaltung, das Leben kostete.

Es kam allerdings selten vor, daß ein vom Verein geächteter Bruder sich zur Wehr setzte. Ein solcher Fall schlug im Winter 1932 in der Berliner Unterwelt Wellen: Erich Pukal, Ex-Mitglied von Immertreu, wurde hartnäckig von seinen ehemaligen Bruderherzen verfolgt und bei passender Gelegenheit zusammengeschlagen. Da griff er zur Selbsthilfe.

In der Nacht zum 21. Dezember 1932 drang er in eine Kneipe in der Kurzen Straße ein und schoß auf drei prominente Immertreue. Vereins-Boß Muskel-Adolf wurde leicht, die beiden anderen schwer verletzt. Vor der nun fälligen Blutrache der Ringbrüder bewahrte ihn die Justiz: Erich Pukal verschwand für vier Jahre hinter Zuchthausmauern.

Die finstersten und blutigsten Aktivitäten der Ringvereine sind nur in spektakulären Einzelfällen – wie die geschilderten – an die Öffentlichkeit gedrungen. Die meisten der mörderischen Racheakte wurden von Beteiligten und angebliche Zeugen als Folge von Raufhändel bagatellisiert oder abgestritten. Manche Opfer solcher Ganoven-Feme waren bis zur Unkenntlichkeit verstümmelt. Zum Beispiel ein durch Messerstiche Getöteter, dessen Leiche aus der Spree geborgen wurde. Die Mörder hatten ihm die Fingerspitzen abgeschnitten, um seine Identifizierung zu verhindern.

Hinter der offiziell proklamierten Brüderlichkeit verbarg sich die gewalttätige Wahrung eines überspannten Vereinsprestiges. Dieser – anfangs nach bürgerlichem Ansehen strebende – Geltungsdrang nahm in der Endzeit der Ringvereine zwischen 1929 und 1933 immer eindeutiger zutagetretende verbrecherische Züge an. Mag der Journalist Fred Hildenbrandt aus gutem Glauben die Berliner Ringvereine mit Kindergärten gleichgesetzt haben – sie waren am Ende in der Brutalität ihres Tun und Handelns den Gangsterbanden Nordamerikas durchaus ebenbürtig.

Geschäfte im Rotlicht

Niemand hätte einen Ringbruder einen Luden nennen dürfen. Das Geschäft mit der Prostitution lag unter der Würde jedes Ganoven, der sich zu den Ehrenwerten der Zunft zählte. Die „mit der Brechstange verwandten" Unterweltler sorgten mit den strengen Aufnahmebedingungen dafür, daß sich in ihre Kreise keine Zuhälter einschlichen; die auf Kosten ihrer Spinnen (Dirnen) lebten.

„Der eigentliche Ganove ist kein Zuhälter. Während dieser eine trotz allen Kraftmeiertums im Grunde genommen passive Natur besitzt, ist der Gewohnheitsverbrecher nur als Mensch von erhöhter Aktivität denkbar." So charakterisierte die Berliner Montagspost im Januar 1929 den Prototyp des Ringbruders.

Die Ringvereine leisteten vor allem auf dem weitgestreckten Feld der Berliner Amüsierindustrie ganze Arbeit. Amüsement wurde in den Jahren, die man die Goldenen Zwanziger nannte, an der Spree groß geschrieben. „Du bist verrückt, mein Kind, du mußt nach Berlin! Wo die Verrückten sind, da gehörst du hin", verkündete ein Gassenhauer allerorten.

Alles, was Ablenkung vom Alltag bot, Genuß und Laster verhieß, wurde vermarktet und wie

Konfektionsware angepriesen. Im mondänen Westen wie in den grauen Vierteln der Reichshauptstadt. „Die nächtlichen Geheimfreuden verbotener Vergnügungen im kitschigen Tanzkeller, mit Aussicht auf Gratisfahrt in die Razzienzelle, gehören einer urfernen Inflations-Vergangenheit an", resümierte die Berliner Illustrierte Zeitung am 13. Januar 1929. „Heute ist die Weltstadtnacht längst offiziell geworden, heute sind für sie Millionen und Abermillionen investiert, verdienen Tausende und Abertausende durch sie ihr Brot."

Sekt für Schutzgeldeintreiber

Es waren vor allem die Ringvereine, die auf diese Weise Lohn und Brot vergaben. In ihrer Glanzzeit beherrschten sie die Berliner Amüsierindustrie. In den „Gaunergeschichten" wird das so beschrieben:

„Sie zwangen mit zunehmender Dreistigkeit dem kleinen Gastwirt und dem großen Tanzpalast-Besitzer ihren ‚Schutz' auf. Weigerten sich die Betreffenden, regelmäßig dafür zu zahlen (in der Regel fünf bis zehn Prozent der Einnahmen; die Taxe für Fensterscheiben betrug zum Beispiel zwischen 20 und 100 Reichsmark im Monat – d. A.), so mußten sie erleben, wie ihre Unternehmen demoliert oder boykottiert wurden. Und schon eine einzelne bekannt gewordene derartige Machtdemonstration bewog immer mehr Geschäftsleute, sich dem Schutz der Ringvereine zu unterstellen. Die halfen ihren Klienten auch in manch übler Lage. Geriet ein Unternehmer an den Rand des Ruins, so bestellte er bei seinem Verein einen fingierten Einbruch oder eine Brandstiftung. Die Versicherungen zahlten, der Auftraggeber war fürs erste saniert, der Verein kassierte einen Teil des Versicherungsbetrages.

Die Vergnügungsindustrie, bis hinein in die City, in die vornehmsten Etablissements des Berliner Westens, war eine Domäne der Ringvereine. Sie vermittelten Portiers, Kellner, Schuhputzer, Zettelverteiler, Toilettenfrauen, Anreißer, Bardamen und Animiermädchen. Die Vereine sorgten dafür, daß die ‚Pferdchen' der rund 10 000 Zuhälter, die Mitglieder (in den Rattenvereinen – d. A.) waren, ihre Plätze erhielten und nicht in fremden Revieren auf Jagd gingen. Sie verteilten die leichten Mädchen so auf die ‚geschützten' Lokale, daß deren Geschäfte florierten. Sie nahmen aber auch nachdrücklich die Interessen der von ihnen vermittelten Arbeitskräfte wahr.

Als eines Tages der Geschäftsführer eines Vergnügungslokals in der City kurzerhand eine Tänzerin hinauswarf, lernte er die ‚sanfte' Macht der Ringvereine gründlich kennen. Am folgenden Abend nämlich erschien nicht eine einzige weibliche Angestellte zum Dienst. Keine Kellnerin, keine Bardame, keine Schönheitstänzerin, keine Toilettenfrau. Auch alle weiblichen Stammgäste blieben aus.

Die Gäste kamen wie gewöhnlich. Aber sie kehrten um, sobald sie die augenfälligen Mängel des Lokals erkannten.

Verzweifelt versuchte der Geschäftsführer wenigstens ein paar Ersatzkräfte zu engagieren. Aber nicht einmal für den doppelten Lohn gelang ihm das.

Zwei Stunden stand das Lokal leer. Dann erschienen zwei elegant gekleidete Herren. Zum Erstaunen des Geschäftsführers kehrten sie nicht wie alle um, sondern setzten sich an die verlassene Bar und ließen sich von dem vereinsamten Geschäftsführer Sekt servieren. Dann kamen sie zur Sache.

Sie seien Vorsitzende des Vereins X. In ihrer Hand läge es, den Boykott des Lokals aufzuheben. Der Geschäftsführer brauche nur die Tänzerin wieder einstellen und ihr ein ‚Schmerzensgeld' zahlen. Innerhalb einer Viertelstunde würde dann das Lokal wieder voll in Aktion treten können . . .

Was sollte der Geschäftsführer anderes tun, als diesen Vorschlag anzunehmen?

Wenn es sich lohnte, übernahmen die Ringvereine auch gastronomische Betriebe in eigener Regie. Der Vorsitzende des ‚Großen Rings' besaß ein gutgehendes Kellerlokal in der Jägerstraße, andere Prominente der Unterwelt – so auch Vorstandsmitglieder von ‚Immertreu', wie Adolf Leib – führten die stolze Berufsbezeichnung ‚Geschäftsführer'.‟

Nackttanz vor dem Auge des Gesetzes

Ähnlichen Geschäften gingen viele Größen aus dem Ring der Bruderherzen nach. Manche firmierten unter der brancheninternen Berufsbezeichnung Nackttanz-Boß. Zwar hatte 1927 der Bevölkerungspolitische Ausschuß des Preußischen Landtags einen Antrag gegen Nacktdarstellungen und Theaterrevuen angenommen. Im Bürokratendeutsch hieß es:

„Der Landtag wolle beschließen, das Staatsministerium zu ersuchen: In Kenntnis der außerordentlich großen Gefährdung unseres öffentlichen, kulturellen und sittlichen Lebens durch die sogen. Theaterrevuen mit sehr ausgiebigen Nacktdarstellungen, die geeignet erscheinenden behördlichen Maßnahmen zu veranlassen, auf eine Änderung der Zusammensetzung des Kunstausschusses beim Polizeipräsidium in Berlin hinzuwirken, und in Erwägung der Tatsache, daß sehr eindeutige Schlager, Couplets, Lieder usw. durch Verbreitung von Grammophonschallplatten heute bis in die kleinsten und abgelegensten Dörfer und damit zugleich bei der Schuljugend nicht nur in der Stadt, sondern auch des Landes Eingang finden und so eine unberechenbare, umfassende Vergiftung der Volksseele bewirken, die Verbreitung solcher unheilvollen, Kunsterzeugnisse' mit allen geeignet erscheinenden Maßnahmen zu verhindern."

Die sittenstrengen Antragsteller ernteten Spott und Hohn. Ein Couplet kam auf, das die Keuschheitsapostel vollends lächerlich machte:

„Manch' Musterknabe schimpft nach Noten
auf das verwünschte Nacktballett.
Doch wird dann mal so was geboten,
da sitzt er vorne im Parkett.

Vor seiner Frau stöhnt er beständig:
So was war schlimmer als wie Gift.
Es sei obszön und unanständig.
Doch wenn er einen Freund dann trifft, sagt er zu
ihm:
Du mußt allein mal in die Kom'sche Oper gehn.
Ich sag' dir, Mensch, da siehste Beine –
das hat die Welt noch nicht geseh'n!"

Wie es in den Treffs genannten Etablissements
zuging, was dort geboten wurde, wird in dem amü-
santen Brevier „Berliner Sitte(n)" der Edition Jule
Hammer verraten:

„Offiziell gab es in ihnen – die Polizeiverbote
galten immer noch – natürlich keine ‚Liebesdiene-
rinnen', aber die weiblichen ‚Stammgäste' waren
kaum wegen der künstlerischen Darbietungen gekommen. Die den Schleppern wohlbekannten
Treffs wurden von der Polizei in Ruhe gelassen.
Man war unter sich.

Oft zeigte außen eine rote Lampe über einen dis-
kreten Klingelknopf auch den stadtunkundigen
Besuchern, wo derlei käufliche Abenteuer zu finden waren. Und zwar in einer eleganten Atmos-
phäre, denn die Wirte waren der Meinung: ‚Unsere
Gäste wollen für ihr ordentliches Geld etwas Ordentliches erleben'. Und das taten sie auch. Etwa
wenn das Licht bis auf wenige Kerzen erlosch und
junge Damen im Evakostüm auf dem Podium ‚je-
wagte' Hopsereien vollführten. Sich anschließend
zwischen den Tischen im ‚Ausdruckstanz' ergingen
und dabei zeigten, was sie zu zeigen hatten. Das
Weinlokal ‚Muse' am Kurfürstendamm unterstrich

den ‚künstlerischen' Aspekt des Abends noch stärker. Auf der Bühne verharrten die nackten Modelle in ruhiger Position, und den Gästen wurde als Alibi ein Bleistift und ein Zeichenblock in die Hand gedrückt. Im ‚Pegasus' hingegen wurde der ‚literarische' Aspekt hervorgehoben. Stellungslose Schauspieler deklamierten Verse, während eine füllige und gutgedrillte ‚Damenkompanie' in Uniformjacken, aber ‚unten ohne' einen historischen Marsch durch die verschiedenen Kriege absolvierte. Das ‚künstlerische' Tun der Besucher bestand dabei darin, den Damen Orden und Ehrenzeichen an besonders beeindruckende Teile der Anatomie zu praktizieren. Dagegen protestierten die Konservativen übrigens immer wieder mit Stinkbomben und Knallfröschen, was die militärische Seite nur verstärkte.

Eins aber war in all diesen Lokalen verboten: Die Damen durften nicht angefaßt werden. Es ging äußerlich streng sittsam zu, und die Wirte schworen, bei der Vermittlung von ‚Bekanntschaften' strengste Zurückhaltung zu üben. Offiziell war den Damen nicht einmal eine bestimmte Zeche auferlegt, unter der Hand sah die Praxis ganz anders aus. Wer von den Damen nicht mindestens eine halbe Flasche Schampus pro Nacht bestellte, wurde am folgenden Tag nicht wieder eingelassen. Nur untertäniges Betteln und das Versprechen, sich entscheidend zu bessern, konnte ihnen wieder Zugang zur Krippe verschaffen . . .“

Während also die Bosse für den Geldstrom in die Vereinskasse sorgten, nahmen sich rangniedere Ringbrüder des Inneren Kreises gestrauchelter, aus der Haft entlassener Kumpane an – getreu dem offiziellen Vereinsstatut. Als Sozialhelfer der besonderen Art. Sie lieferten jenen, die – überstandener Haftzeit zum Trotz – der geliebten Brechstange treu bleiben wollten, Annoncen (Informationen), etwa für einen lohnenden Einbruch, und führten Gleichgesinnte zusammen. Sie weihten Anfänger in spezielle Berufsgeheimnisse und Tricks ein, gaben Hinweise auf Stärken und Schwächen von „Greifern", besorgten „Berufszeugen" und jedes erforderliche Alibi. Für die Hilfestellung war eine Spende (abhängig von der Beute) in die Vereinskasse zu entrichten.

Von solchen Annoncen profitierten beispielsweise im Jahre 1931 Taschendiebstahl-Experten zweier Ringvereine. Man hatte ihnen gesteckt: Im KaDeWe, dem Riesenkaufhaus am Wittenbergplatz, werden bekannte Berliner Film- und Bühnenkünstler zugunsten ihrer notleidenden Kollegen einen Tag lang als Verkäufer agieren. Die „Taschenkrebse" waren pünktlich zu Stelle, mischten sich in das Gedränge des schaulustigen Publikums. Und nicht nur die Kaufhauskassen klingelten: In dem Gewühl kamen die flinken Langfinger derart zum Zuge, daß sie mit Ablösungen arbeiten mußten.

Es gab aber auch Coups, die das Gegenteil bewirkten. So hatte kurz vor dem großen Fischzug im KaDeWe der auf Pferdeschwindel spezialisierte Ringverein Maßliebchen auf der Trabrennbahn Mariendorf ein Gaunerstück inszeniert, das vielen Ehrenwerten mißfiel, und von dem es im Ruland-Report heißt:

„Das Pferd ‚Strauß' war für die Klasse der Sechsjährigen gemeldet worden. Es siegte so überlegen in diesem Rennen, daß die Wettbeamten mißtrauisch wurden. Als sie den Fall untersuchen wollten, war das Pferd verschwunden. Es war unmittelbar nach dem Sieg von einem Auto abgeholt worden.

Als die Beamten der Sache nachgehen wollten, wurde Ihnen erklärt, das Pferd sei auf dem Transport an einem Herzschlag gestorben. Ein Veterinär, der sofort hinzugezogen wurde, fand eine Stichwunde am Hals des Pferdes, und er stellte durch eine Urin-Untersuchung fest, daß ‚Strauß' durch Doping so überlegen gesiegt hat. Buchmacher, Totalisator und die Drahtzieher bei diesem Schwindel, die ‚Maßliebchen'-Brüder, waren längst mit dem Wettgewinn untergetaucht, und sie wurden auch nicht gefunden."

Kleiner Klante – große Klappe

Betrüger hatten in diesen Jahren Hochkonjunktur. Einer der ganz Großen dieser Branche hieß Max Klante. 1921 liefen ihm die Berliner in Scharen nach, beschwatzt und getäuscht von dem kleinen Fotografen, der sich zum Großbetrüger mauserte. Klante hatte eine Gesellschaft gegründet, die Geldanlegern eine hundertprozentige Verzinsung innerhalb von zwei Monaten versprach. Finanzieren sollte sich das Unternehmen durch Wettgewinne und einen Rennstall, den der Pferdenarr Klante einrichtete.

Der smarte Wettbetrüger Max Klante

Klantes Wettbüro in der Friedrichstraße 121

Sein System war einfach: Mit dem Geld späterer Interessenten zahlte er zunächst die früheren Anleger aus. Bei den hohen Wetten, die er riskierte, hatte er eine Zeitlang Glück. Auch die eigenen Pferde liefen ihm manchen Sieg ein. Klante erraffte ein Millionenvermögen und wurde dank der pünktlichen Zahlungen als Volkswohltäter gefeiert. In der Großen Frankfurter Straße unterhielt er ein Café für seine Anhänger. Ließ er sich dort blicken, dann intonierte die Kapelle einen Max-Klante-Marsch.

Doch nach einiger Zeit verließ das Wettglück den hemmungslosen Hasardeur. Er verlor in kurzen Abständen enorme Summen und geriet in rote Zahlen. Der Volkswohltäter wandelte sich nun vollends zum Volksbetrüger. Wortgewandt hielt er seine unruhig werdenden Klienten hin, veranstaltete Volksversammlungen, auf denen er neue sichere Gewinne in Aussicht stellte. Eine profitable Kette von Likörstuben, beliefert aus eigenen Brennereien, werde die momentane Flaute beheben, verkündete er. Doch der Bankrott des Schwindelunternehmens ließ sich nicht mehr aufhalten. Am Ende hatte der Volkswohltäter seine vertrauensselige Anhängerschaft um 90 Millionen Reichsmark betrogen.

Wenn außergewöhnlich hoher Profit lockte, kannte die Aktivität der Ringvereine buchstäblich keine Grenzen. „Dann engagierten sie die Topstars unter den Berliner Ganoven", heißt es in den „Gaunergeschichten". „Der Ringverein ‚Deutsche Kraft' schickte zum Beispiel den Gentleman-Einbrecher Manfred Bastubbe, einen Spreeathener mit chinesischer Geburtsurkunde, zusammen mit dem Einbrecher Herbert Lexer, genannt ‚Lux', zu einem Ausflug nach Hamburg. Abzuholen war dort ein kleines Päckchen mit wertvollem Inhalt: 5 Kilo Kokain.

Die beiden gerissenen Ganoven planen ein unwiderlegbares Alibi mit unbescholtenen Zeugen – für alle Fälle. Im Kaufhaus Wertheim, in der Leipziger Straße, kommen sie ins Gespräch mit zwei Verkäuferinnen. Nach Feierabend trifft man sich, man flirtet, man trinkt. Die Mädchen eilen zu einer ‚Lagebesprechung' aufs verschwiegene Örtchen. Die vornehmen Kavaliere nützen ihre Abwesenheit, den köstlichen Mosel mit Schlafpulver zu vermischen.

Unversehens überfällt die beiden Schönen bald darauf eine plötzliche Müdigkeit. Widerstandslos lassen sie sich von ihren Kavalieren in einer Taxe zum Hotel ‚Zur Post' am Anhalter Bahnhof fahren. Dort nehmen die beiden Pärchen Zimmer im Hochparterre.

Die Mädchen schlafen sofort ein. Ihre Kavaliere hingegen sind noch sehr munter. Sie steigen aus dem Fenster und rasen im Auto nach Hamburg. Am Hafen nehmen sie das Kokain entgegen. Und schon geht's zurück nach Berlin.

Der Oberkellner in der ‚Excelsior'-Bar ist so freundlich, das Päckchen aufzubewahren, daß die beiden ihm anvertrauen. Durch das Fenster gelangen sie wieder in ihre Zimmer, zu den friedlich schlafenden Mädchen. Nun sind auch sie rechtschaffen müde.

Nachmittags erst steigen die vier aus den Federn. Bastubbe holt das Päckchen, übergibt es dem Vorsitzenden der ‚Deutschen Kraft'. Und empfängt seine ansehnliche Gage.

Sein Alibi erweist sich als stichfest."

Bei allen diesen Aktivitäten vernachlässigten die Ringbrüder selbstverständlich nicht die Überwachung und Kontrolle ihrer Jagdgründe. Wilderer, meist Außenstehende oder Einzelgänger, hatten keine Chance, der Aufmerksamkeit der über das Revier verteilten Späher – Bettler, Hausierer, Dirnen – zu entgehen.

Ein solcher Eindringling wurde kurzerhand „in die Mache genommen" und unter Androhung schärferer Repressalien bei eventueller Wiederholung vertrieben. Bei Abstrafung dieser Art legitimierten sich die beteiligten Ringbrüder durch das sichtbar am Revers getragene Vereinsabzeichen – ein mündlich überlieferter Brauch, der nicht in den Satzungen festgeschrieben war. Er galt für Aktionen gegen Außenstehende und Vereinsschädlinge. Die sollten wissen, wem sie das eingeschlagene Nasenbein oder die angebrochene Rippe zu verdanken hatten.

Schräge Grafen und Horst Wessel

Stettiner Bahnhof, irgendwann in den zwanziger Jahren, 16.00 Uhr: Ankunft des Personenzuges Stolp–Berlin. Unter den Ankommenden, die dem Ausgang zustreben, ein junges Mädchen. Ländlich gekleidet, ein abgeschabtes Köfferchen an der Hand, eingeschüchtert vom Großstadtlärm, der sie empfängt.

Unsicher lenkt sie die Schritte zur Friedrichstraße. Ist tief beeindruckt von der Geschäftigkeit der Magistrale, von den Luxuswaren anpreisenden Schaufensterfronten, den einladenden Kaffeehäusern und Bars. Läßt sich im Meer der Passanten treiben. Ihr entsinkt der Mut. Wie soll sie damit zurechtkommen, ein Zuhause finden, und vor allem eine Stellung?

„Na, mein Frollein, Sie sind woll neu in Spreeathen?" Ein junger Mann, schick und gewandt wie die Filmhelden im heimatlichen Dorfkino, hat sich an ihre Seite geschlängelt. Er habe sie schon eine Weile beobachtet, erklärt der Gent mit dem Menjou-Bärtchen. „Sie haben ein Gesicht gemacht wie meine Cousine, als sie kürzlich nach Berlin verschlagen wurde."

Die Anteilnahme tut der Großstadt-Elevin gut. Außerdem gefällt ihr der elegante Herr. Und hungrig ist sie auch. Nimmt darum nach einigem Zieren die Einladung zum Essen gerne an. Danach wird ein kleiner Bummel vorgeschlagen, und der hilfsbereite Begleiter ermuntert das Gnädige Fräulein immer wieder, mit ihm auf das neue Leben anzustoßen. Er verfüge über Beziehungen zum Film, könnte sie dort unterbringen. Auch für eine Unterkunft würde er sorgen. Zu vorgerückter Stunde erscheint der beschwipsten Kleinen aus einem pommerschen Dorf die Zukunft in rosigem Licht.

Das Erwachen in einer Absteige am anderen Morgen ist grausam. Der Kavalier weckt seinen Schützling unsanft und verlangt das Geld zurück, das er für die Zechen am Vortag verauslagt hätte. Noch während die Verstörte in ihrem schwindsüchtigen Portemonnaie kramt, betritt ein Fremder das Zimmer. Ein Freier, wird ihr brutal erklärt. Den müsse sie jetzt „abzocken", um die Schulden zu bezahlen. Das Mädchen wehrt sich verzweifelt. Doch ein paar Ohrfeigen des Gönners brechen jeden Widerstand. Die Luden-Falle hat zugeschnappt. Von dem Tag an beginnt das neue Leben – in der Fessel eines Zuhälters.

So begannen ungezählte Geschichten über ahnungslose, vertrauensselige Provinzlerinnen, die in jenen Nachkriegsjahren scharenweise nach Berlin strömten, um Karriere zu machen. Die Luden hatten einen sicheren Blick. Sie brachten ihre Opfer dazu, „durch langsames Gehen schneller voranzukommen", wie die Berliner sagten.

Offiziell gab es im damaligen Berlin etwa siebentausend Prostituierte mit einem „Bäckerbuch", dem amtlichen Ausweis für die regelmäßige Gesundheitskontrolle. Die Grauziffer aber lag bei mehr als 25 000. Dazugerechnet rund 3 000 sogenannte Strippen-Miezen, die nebenberuflich nach Büro- oder Ladenschluß daheim per Telefon zu erreichen waren – gewissermaßen die Großmütter der heutigen Callgirls.

Das älteste Gewerbe der Welt blühte an der Spree schon im frühen Mittelalter. Die Bordelle der Ur-Berliner hießen einfach Frauenhäuser. Sie waren auf das Spreegäßchen an der Jungfernbrücke beschränkt. Das gab Wilhelm Ostwald, Verfasser der „Kultur- und Sittengeschichte Berlins", zu der Vermutung Anlaß: „Die Jungfernbrücke hat sicher ihren Namen von ihrer Nachbarschaft."

Im Jahre 1780 erfreuten sich die Untertanen König Friedrich Wilhelm II. schon etwa hundert Kleinbordelle, denen jeweils eine Madame vorstand. Berlin hatte 150 000 Einwohner, darunter tausend registrierte Freudenmädchen. Diesen wurde sogar eine Altersversicherung geboten, amtlich Hurenheilungskasse genannt, in die monatlich ein Silbertaler zu entrichten war. Im kaiserlichen Berlin von 1903 gingen etwa dreitausend kontrollierte „Kartenmädchen" dem Gewerbe nach. Tatsächlich gab es mehr als 40 000 sogenannte Pflasterrehe.

Schon damals war es mit der Unabhängigkeit der meisten Gunstgewerblerinnen vorbei. Die als Madame ausgegebene Puffmutter regierte nur noch in exklusiven öffentlichen Häusern. Auf der Straße herrschte das Faustrecht der Luden. 1889 war der Geselligkeitsverein Königstadt entstanden, gegründet von Berliner Zuhältern. Deren Vorstrafenregister unterschied sich wesentlich von dem der späteren Ringbrüder, die „mit der Elle gingen", also ehrenwerte Berufsverbrecher waren. Die Luden hatten überwiegend Kuppelei, Zuhälterei, Nötigung und Körperverletzung auf dem Kerbholz. Ihre Rangordnung reichte vom gewöhnlichen Straßen-Louis bis zum Bordell-Geschäftsführer. Über den Umgang liest man in dem zeitgenössischen Bericht von Ernst Friedel aus der vermeintlich guten alten Zeit: „Sonach hat sich hier ein ganz eigentümlicher Verkehr unter den Bestraften mit ihren Dirnen gebildet, der sich in der Öffentlichkeit besonders in einer Reihe von Tanzkneipen, Schnapsbuden und Puppenspiellokalen kundgibt."

Im Berlin der Ringvereine sprengte die Rotlicht-Szene diese Grenzen. Die Friedrichstraße galt dem Kultur- und Sittenforscher Ostwald als „öffentlicher Hauptmarkt der Dirnen", der potentielle Freier faszinierte: „Geschäftsleute mit satten Gesichtern. Junge, lüsterne Angestellte, Leute aus der Provinz mit starren Augen, die verwundert auf diese unendliche Kette von sich anbietenden jungen und alten, geputzten und ungeputzten Mädchen blicken. Fremde, die erstaunt sind über die prall über den Hüften sitzenden Kleider, über die vorgeschnürten Brüste, über die anlockenden Gesichter unter den verwegen aufgesetzten, oft so überladenen Hüten. Mancher Blick bleibt auf den bloßen Armen haften, manch anderer folgt einem glitzernden, engen Gürtel und zierlichen Stiefeletten. Aber sogleich schieben sich neue Bilder dazwischen. Hinter der üppigen Schwarzen folgt eine schlanke Blondine; hinter der eine kindlich Gekleidete mit bunten Schleifen in dem straff frisierten Haar; hinter der eine, deren gebleichtes Haar im elektrischen Licht strahlt – dann eine alte Person mit großen falschen Brillanten und watschelndem Gang und gespitztem süßen Mund, die nur alten Herren zulächelt."

Märkte für „Nutten" – eine ureigene Berliner Begriffsprägung aus der Zeit um 1914, die sich schnell verbreitete – befanden sich laut „Berliner Sitte(n)" – in jedem Stadtviertel: „In der Gegend von Tauentzien und Kurfürstendamm paradierte die vornehme Halbwelt. Hier war das Angebot versteckter. Junge Mädchen in vornehmen Kleidern, oft aber mit allen Anzeichen der modischen Kokainsucht, konkurrierten mit ehrbaren Matronen um die Gunst des Publikums.

In den äußeren Vierteln war die einfache Prostitution anzutreffen. Bekannt war die Gegend am Oranienburger Tor, die Elsässer Straße, die Gegend um den Stettiner Bahnhof. Vor den roten und blauen Kugeln, mit denen die Eingänge der Kneipen geschmückt waren, paradierten die Mädchen auf der Suche nach einem Freier ..."

Lynchjustiz in Friedrichshain

Die Zahl der Zuhälter wurde seinerzeit zwischen 8000 und 10 000 geschätzt. Die meisten betätigten sich als sogenannte Solisten. Sie hatten nur eine „Spinne zu laufen". Annähernd 15 Prozent waren laut Ruland-Report Berufsluden, die bis zu fünf Mädchen auf den Strich schickten. Ein Außenseiter, genannt Studenten-Willy, brachte es sogar auf zehn. Der Reporter Hardy Worm weiß darüber:

„Unter den Zuhältern, die im Norden Berlins die kaum aus der Schule entlassenen und schon dem Prostitutionsgewerbe nachgehenden Mädchen beschützen, fällt einer durch saubere und stets nach der neuesten Mode geschnittenen Kleidung auf. Das ist ‚Studenten-Willy' oder ‚Der Mann mit den zehn Dirnen'.

‚Studenten-Willy' ist der Sohn eines Berliner Hotelbesitzers (weshalb sein bürgerlicher Name ungenannt blieb – d. A.). Vierzehn Jahre alt, flog er wegen tätlichen Angriffs auf den Mathematikprofessor vom Gymnasium, erleichterte die Kasse seines Vaters um zehntausend Mark, setzte sich auf die Bahn und fuhr nach Hamburg, um von dort aus eine kleine Spritztour nach Amerika zu unternehmen. Als er die Reeperbahn besuchte und sich in seinem jugendlichen Tatendrang betrunken hatte, fiel er einem Bauernfänger in die Hände, der ihn von seinem Geld befreite. Vollkommen mittellos, beging Willy damals einen Diebstahl, er wurde gefaßt und seinem Vater wieder zugeführt, der ihn dermaßen verprügelte, daß der Junge einige Wochen das Bett hüten mußte. Er wurde dann wieder auf die Schule geschickt, machte mit Ach und Krach sein Einjähriges (Zeugnis der Mittleren Reife – d. A.) und trat als Lehrling in einen Bankbetrieb ein. Aber diese

Tätigkeit befriedigte ihn nicht. Ein fast krankhafter Ehrgeiz, bekannt und berühmt zu werden, hatte ihn erfaßt. Als er seinem Vater die Mitteilung machte, daß er beabsichtige, Schauspieler zu werden, warf ihn der Alte aus dem Haus."

Und damit begann, wie der Reporter vermerkt, für Willy die große Zeit. Der Heimatlose wurde Klavierspieler in einem Nachtlokal. „Er trug freche und witzige Chansons vor. Und da er ein ganz hübscher Bengel und immer zuvorkommend gegen die im Lokal verkehrenden Kokotten war, wurde er bald der Liebling der Mädchen, die ihm oft Aufmerksamkeiten in Form von Geld zuteil werden ließen. Willy stand bald am Gipfel seines Ruhms. In allen Nachtlokalen bekannt, von fast allen Kokotten begrüßt, bei Zuhältern allerdings kein Vertrauen erweckend, aber wegen seiner Zahlungsfähigkeit geachtet, führte er ein sorgenloses Dasein. Die Lebemänner holten sich bei ihm Tips für neue Krawattenformen, Garderobeangelegenheiten. Den Mädchen führte er den Briefwechsel mit ihren begüterten Gönnern. Er war schon damals Zuhälter. Aber Zuhälter mit Nebenerwerb. Die Polizei konnte ihn also nicht fassen. Er brannte schließlich mit der Frau eines Fabrikanten nach Paris durch und kehrte reumütig nach Berlin zurück, als das Geld der unternehmungslustigen Fabrikantenfrau verbraucht war."

Hardy Worm beschreibt den wohl berühmtesten Berliner Luden jener Jahre als Gigolo und Gentleman:

„Willy wirkte auf die Dirnen nicht durch Brutalität und Rücksichtslosigkeit, sondern durch seine guten Manieren. Er behandelte die Prostituierten als Damen, erwies ihnen Achtung, gebrauchte nie grobe Worte und vermied es möglichst, zotig zu werden. Die Dirnen, die von ihren Geldgebern und Ausbeutern immer geknufft und herumgestoßen, als käufliche Ware behandelt wurden, hingen an Willy mit großer Dankbarkeit. Sie duldeten nicht, daß er auch nur das Geringste unternahm, seinen Lebensunterhalt zu verdienen. Sie gaben ihm Geld, kauften ihm die besten Anzüge. Wer die Psyche der Freudenmädchen kennt, der weiß, mit welcher Eifersucht die Dirne jede Bewegung ihres Zuhälters überwacht, wird es fast unglaublich halten, daß zehn Mädchen ihre Verehrung auf einen einzigen Mann übertrugen. Aber dann ging es mit ‚Studenten-Willy' bergab. Zuhälter denunzierten ihn, stellten ihm Fallen, verleiteten ihn zur Leistung eines Meineids und ließen nichts unversucht, ihn bei den Mädchen in Mißkredit zu bringen. Er wurde schließlich wegen verschiedener Vergehen auf mehrere Jahre ins Gefängnis gesteckt und kurz vor Kriegsende entlassen."

Enttäuschung und Mitleid über das Ende der schillernden Karriere führen dem Reporter die Feder:

„Jetzt treibt er sich mit den übelsten Gassendirnen umher. Macht alle möglichen Gelegenheitsgeschäfte, um sich anständig kleiden zu können. Manchmal schlendert er nachts ruhelos durch das nördliche Stadtviertel. Und in dem großen Haus seines Vaters stehen viele Zimmer leer."

Solisten wie Studenten-Willy kamen am Ende auf keinen grünen Zweig, denn in der Rotlicht-Szene regierte eine Minderheit von Berufsluden mit der Machtfülle von Feudalherren. Sie waren organisiert in tonangebenden Ringvereinen, wie Apachenblut, Friedrichstadt oder Atlantic.

Die Rattenvereine der Zuhälter reglementierten die Zulassung zum Strichgang, bestimmten Preise und Tribute. Die Talons oder Straßenreviere wurden von ihnen untereinander aufgeteilt, ebenso Stundenhotels, Einzelabsteigen und Verkehrslokale. Der Verein Friedrichstadt überwachte zum Beispiel bekannte Nutten-Treffs wie Moka-Efti oder Café Stern in der Umgebung des Potsdamer Platzes. Der Verein Atlantic war als ausgesprochener Schläger- und Rabaukenverein berüchtigt und gefürchtet. Er wurde im Herbst 1932 verboten. Das geschah so:

In den frühen Morgenstunden des 20. September 1932 ereignete sich in einer Wohnung des Hauses Lietzmannstraße 4, nahe beim Alexanderplatz, ein blutiges Drama. Der Schlächtergeselle Paul Mierwald brachte seine Geliebte um und beging Selbstmord. Die Tote – in der Branche als „Sachsen-Martha" bekannt – war Schwester des Ringvereins Atlantic, ihr Mörder kam aus dem unbedeutenden Verein Niedlich.

Sachsen-Marthas Freunde übten in gewohnter Weise Lynchjustiz. Eines abends überfielen sie das Vereinslokal der Niedlichen in der Eldenaer Straße und veranstalteten eine wilde Schießerei. Vier Mitglieder wurden verletzt. Die anrückende Polizei geriet in einem Kugelhagel. Sie mußte Deckung suchen. Die Atempause nutzend, entka-

men die Revolverhelden im Dunkel des Friedrich-
hains.

Die Suche nach Schußwaffen im Atlantic-
Vereinslokal verlief erfolglos. Pusten (Pistolen)
hätte es bei ihnen nie gegeben, beteuerte der
Vorstand. Doch dann bewährte sich wieder einmal
die halboffizielle Fühlung zwischen Ringvereinen
und dem Präsidium am Alexanderplatz. Einem
Tip der Ehrenwerten nachgehend, spürte die
Kripo in der Wohnung einer Schwester der At-
lantic-Banditen am Landsberger Platz das Waf-
fenlager auf: zehn nagelneue Pistolen, versteckt
unter einer Matratze. Bei Bedarf hatte sie der
Kurier Kleiner Zack immer per Motorrad abgeholt.

Der Waffenfund besiegelte das Ende von Atlantic. Elf der aktivsten Rabauken wanderten auf
Nummer Sicher. Der Rest verstreute sich nach
dem Verbot in alle Winde.

Die offiziellen Vereinsstatuten geboten den Mitgliedern, ihre „Damen" nicht zu schlagen, vielmehr kavaliersmäßig zu behandeln. Das geschah
allerdings nur aus besonderem Anlaß. An Ge-
burtstagen gab es Blumen und Geschenke, auf einer Felicita – Abendkleid vorgeschrieben – wurde
ihnen beste Behandlung und größte Zuvorkom-
menheit zuteil. Im alltäglichen Umgang freilich
legten die Beschützer weniger Wert auf die sanfte
Tour. War eine Dirne säumig „in der Anschaffe",
setzte es Backpfeifen. Muckte sie auf oder wollte
sich etwa dem Gewerbe entziehen, konnte ihr passieren, daß man ihr das Gesicht mit Säurespritzern
oder Messerschnitten verstümmelte.

Nutten-Emil und Sporenjette

Der Alltag von Lutscher-Olly, Kosaken-Mimi, Kerzen-Traute und wie sie sonst noch genannt wurden, war alles andere als sonnig. Und nicht jede hatte das Glück, einen „fetten Freier" abzukassieren wie Nutten-Emil, ein echtes Unikum im Scheunenviertel, von dem Hardy Worm wußte:

„‚Nutten-Emil' ist ein schon älterer Herr. Groß, schlank, leicht vornübergeneigt. Er trägt im Sommer wie im Winter ein braunes, steifes Hütchen, das seinem Gesicht einen jovialen Zug verleiht. Die Dirnen behaupten, ‚Nutten-Emil' lebe von den Zinsen seines Vermögens. Er sei Besitzer vieler Häuser. Werde von der Verwandtschaft gemieden und führe das Leben eines Sonderlings. Er erscheint jede Woche einmal in der Nähe der Friedrichstraße und geht gewöhnlich zum Oranienburger Tor. Er nimmt nur sehr junge Dirnen. Am liebsten Sechzehnjährige. Wenn ihm zwei oder drei dieser jungen Dinger gefallen, geht er mit ihnen in ein Hotel. Dort müssen sie sich ausziehen, ‚Nutten-Emil' an den Händen und Füßen fesseln und ihm ins Gesicht speien. Er gibt dann jeder Dirne hundert Mark und stellt weitere Zahlungen in Aussicht. Eine Dirne soll sogar einmal fünfhundert Mark von ihm erhalten haben, weil sie in der Lage war, ihm zweihundert berüchtigte ‚Wirtinnenverse' vorzutragen. ‚Nutten-Emil' ist der Traum aller jungen Kokotten. Niemand weiß, wo er wohnt."

Solche Erfolgserlebnisse waren einem anderen von Worm beschriebenen Original jenes Reviers, der Sporenjette, nicht beschieden: „Jette ist eine große, dicke Person mit aufgedunsenem Gesicht. Ihr Revier ist die nördliche Friedrichstadt. Die Dirne steht im Ruf, nach Flagellantisten zu fahnden. Sie verspricht einem noch nie geschmeckte Laster. Sie hält einem auf offener Straße einen Vortrag darüber, welche Manipulationen sie an einem männlichen Körper vorzunehmen gedenke. Da aber im Norden Berlins Menschen hausen, die für derartige Extravaganzen schwerlich Verständnis aufbringen, blüht ihr Geschäft nicht sonderlich. Aber sie kann sich nicht entschließen, nach dem Westen überzusiedeln. Sie hängt zu sehr an dem Stadtteil, wo sie seit Jahren ihre Künste und den Liebreiz ihres Körpers anpreist."

Sporenjettes Welt waren armselige Kellerkneipen im Scheunenviertel; manche eine Endstation für ausgepowerte Huren, wo sich Worm auch auskannte: „Ein Eingang, schäbig mit geflickten, fast zerfallenen Portieren, schluckt mich ein. In Rauch, Bierdunst und fahles Licht getaucht, öffnet sich ein schlauchartiger Raum. Tische ohne Tücher. Hocker, eingesessen von Tausenden, traurige Sofas, in deren klebrigen Bezügen nicht einmal mehr Motten leben mögen. Vorn in das Licht einer einsam schläfrigen Lampe getaucht, liegt die Bühne. Hoch an die Decke gestoßen auf rohen Brettern. Dekorationsfetzen aus Großvaters Tagen. Verschlissen, vermodert. Auf ihr ein Wrack von Frau. Singt: ‚Ich bin eine äußerst mondäne Frau – Ich kenne die Schliche der Liebe genau!'

Ein alter Mann, vergrämt, abgestumpft, hämmert auf altersschwachen Wimmerkastentasten etwas wie eine Melodie. Oben tanzt die Frau, wirft dicke, alte Beine möglichst hoch in die Luft. Im Raum hocken Penner, Trostlose, Ausgestoßene. Sehen kaum nach der Bühne, stieren stumpf in Bier- und Schnapsgläser.

Am Sofa vorn ein junger Bursche. Portokassenformat. Ein ‚Freier'. Hat bei sich ein Mädel, das vorher getanzt hatte. Jung? Ja, sie hat ein kurzes Kleidchen an, brandrote Kinderschleife hoch im Haar. Aber zu wissende, gemeine Augen, dick schwarz umrändert. Vielleicht ist sie bald dreißig Jahre. Der Jüngling merkt das nicht. Er glaubt ihr die siebzehn. Hat den Arm um sie gelegt, läßt sich von ihr erzählen. Geschichten, selbsterfundene wohl, vom Elend im Elternhaus, kranke Mutter, brutaler Vater. Der schlägt sie, wenn sie nicht genug Geld nach Hause bringt ...

Trink noch einen Schnaps, Mädel! Die Weiber trinken, was sie bekommen. Vielleicht möchte eine mal einen heißen Schluck Kaffee trinken. Aber den gibt es hier nicht. Hier gibt es ja Bier, Kognak, Likör – wozu dann noch Kaffee? ...

Die mit der Haarschleife macht es jetzt sentimental. Fetzen Worte flattern herüber. ‚Wenn ich nur hier heraus könnte. Aber ich bin der Wirtin noch so viel Geld schuldig. – Woher soll ich das Geld nehmen? – Die Sipo (Sittenpolizei – d. A.) ist so scharf!' Vorher hatte sie noch von Vater und Mutter gesprochen.

Der Alte am Klavier ist eingeschlafen. Es geht auf Eins. Auf dem Boden haben sich Berge Dreck, Papiere, Stummel angesammelt. Hinten gröhlt eine heisere Säuferstimme: ‚So lang' noch das Lämpchen glüht!'

Man zahlt die lächerlich geringe Zeche, taucht dann wieder hinaus in frische Nachtluft. Man ist auf dem ‚Talon'. Wieviele sind es, die hier Stunde um Stunde das Pflaster treten? Nebeneinander, hintereinander! Verblüht schon alle, krank wohl die meisten. Wo gibt es Männer, die an dieser Ware Freude haben?"

In diesem Milieu lauerte auf die Frau bisweilen tödliche Gefahr. Carl Großmann, der Hausierer mit dem Köfferchen voller Schnürsenkel, Kämme, Haarnadeln und Spiegeln, war im Scheunenviertel wohlbekannt, zu Beginn der zwanziger Jahre. Doch niemand ahnte, daß der unscheinbare Straßenhändler ein bestialischer Frauenmörder war. Seine Opfer suchte er abends am Schlesischen Bahnhof. Junge Dinger, die vom Lande kamen und in Berlin eine Arbeit suchen wollten. Die erhofften sie sich als Hausmädchen in der Wohnung des so väterlich wirkenden Mannes. Einige liefen ihm davon, wenn – so spätere Aussagen – ihnen das Gebahren des Brotherrn „unheimlich" vorkam. Denn wenn der gelernte Schlächter – wie er gestand – „sich nicht mehr beherrschen konnte", griff er zum Messer.

Rätselhafte Funde weiblicher Leichenteile in der Spree lösten eine verschärfte Überwachung der Unterwelt durch die Kripo aus. Unter den Fingerzeigen der Ringvereine war auch dieser: Ein gewisser Großmann, Hausierer, hätte im Weißen Elefanten, Schendelgasse/Ecke Grenadierstraße, manchmal wirre Reden über seine „blutigen

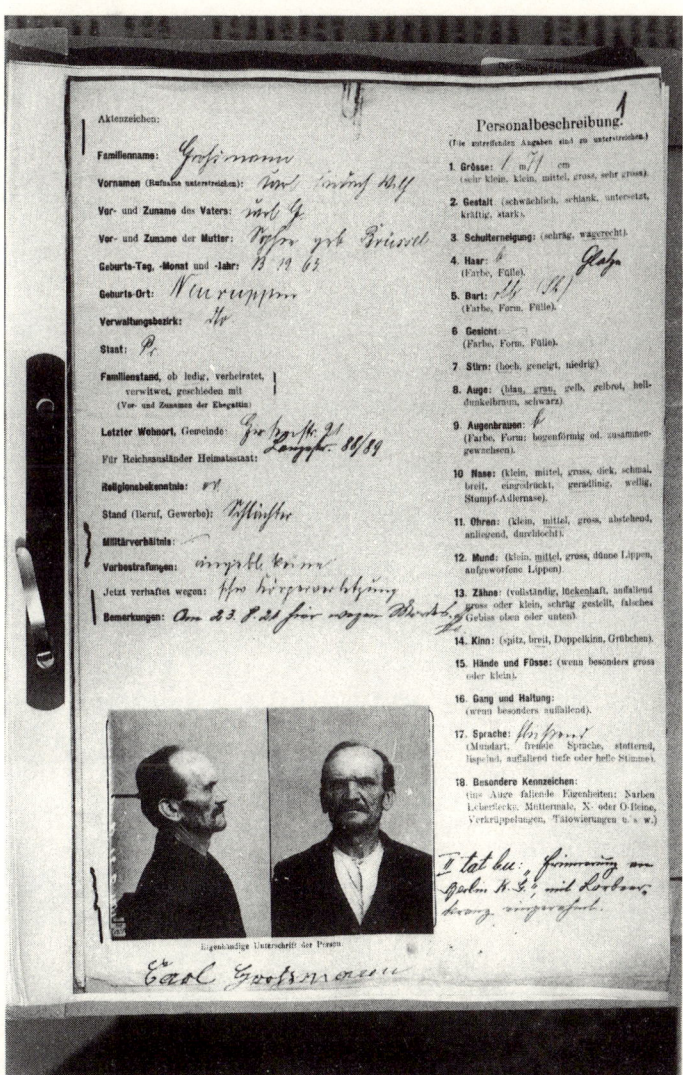

Polizeiakte des Frauenmörders Carl Großmann

Hände, die keinem Vögelchen weh tun würden", geführt.

Bei der Haussuchung in Großmanns Wohnung, Lange Straße 78, beim Schlesischen Bahnhof, am 21. August 1921, entdeckte die Polizei in der Küche die nach Schlächterart tranchierten Leichenteile einer nicht mehr bestimmbaren Zahl von Frauen. Vermutlich hatte er mehr als zwanzig umgebracht. Großmann, der bei dem gräßlichen Anblick keine Miene verzog, legte erst ein Geständnis ab, nachdem man ihm gestattet hatte, sich eine Stunde lang mit seinem einzigen Hausgenossen, einem Zeisig, zu beschäftigen. In der folgenden Nacht erhängte er sich in der Zelle mit einem zusammengeknoteten Bettlaken.

Gepflegter als in Sporenjettes Alptraum-Kaschemmen ging es in der Roten Katze, im Kakadu oder in der Galoschen-Diele zu – Nuttenlokalen der besseren Kategorie. Dort schwänzelten die Dirnen ein und aus, lieferten ihren bei Karten und Würfeln wartenden Zuhältern den Kies ab. „Hier ist alles zünftig", notierte Worm nach einem Abstecher in dieses Kiez-Milieu. „Das Publikum besteht aus Halbwüchsigen, Kokotten und ihren Beschützern, aus Abenteuersuchenden und ehrlichen Arbeitern, die man sofort herausfindet ... An den Tischen hocken Leute mit verwegenen Gesichtern. Alle sind gut und sauber gekleidet. Manche mit einer Eleganz, die gigerlhaft wirkt."

Da wirken Männer, die der Zufall hereinführt, leicht als deplazierte Grobiane. „Zwei Leute hauen mit der Faust auf den Tisch. Sie sind vor kurzem erst von außerhalb, wahrscheinlich aus

Sonnenburg (Haftanstalt in Ostpommern – d. A.) gekommen, sind vollkommen ,tot' und suchen einen ,Macher', der ihnen Geld für ,Häkelzeug', ,Elle' usw. vorschießt", beobachtete Worm. „Schließlich beteiligen sie sich an einer Partie ,Siebzehn und viere'. Aber weil ihr Platz ,gegen den Bock' ist, ,stoßen sie den Bock um', indem sie sich auf andere Stühle setzen. Trotzdem ist ihnen das Glück nicht hold. Sie verspielen ihr letztes Geld."

Die Stammkundschaft teilt Geschäft und Laster: „Fast alle Prostituierten und Verbrecher sind leidenschaftliche Spieler. Haben sie ihre ,Sore' beim ,Macher' abgeliefert, setzen sie sich an den Spieltisch. Betrügereien untereinander kommen verhältnismäßig selten vor. Auch sie haben ihren Ehrenkodex. Sitzt jedoch ein ,Stubben' (Fremder – d. A.) am Tisch, richten sie ihr Hauptaugenmerk darauf, ihn zu neppen. Denn das gehört schon zur Arbeit."

Oder wie es Worm in seinem „Lied vom Nepp" ausdrückt:

„Die Großstadt pennt. Die Dirne stricht.
Jeknutsch, Jestöhn bei Ampellicht.
Die Scheine raus. Wer hält die Bank?
Det jroße Los! Die Bank is blank.
Der Zocker schreit. Das Messer blitzt.
Die Lampen aus und wechjeflitzt.
Die Pulle kommt und stößt dich roh
Zur Türe raus, aufs Lastauto.
Die Kasse futsch, det Ooge blau,
Hockst du im Loch. Dir is janz flau.

Jeneppt, jeneppt
Nach dem Rezept:
Die Dummen werden niemals alle.
Sie gehen immer in die Falle."

Für die Spieler ist irgendwann einmal Feierabend, die Strichmädchen aber machen noch
Nachtschicht. „Wenn der Bahnhof den letzten
Stadtbahnzug ausgespuckt hat und die Lokale ihre
Rolläden heruntergelassen haben, dann läßt auch
das Leben auf den Straßen nach. Die Ringnepper
finden keine Dummen mehr. Nur die Prostituierten gehen noch ‚ackern'. Auch Betrunkene haben
mitunter noch Geld."

In solch gehobenem Kaschemmen-Milieu waren
Studenten-Willy und ähnliche Typen der Berufsluden zu Hause. Die „schrägen Grafen", stutzerhaft
gekleidet und anmaßend im Auftreten, hielten sich
nur die besten „Pferdchen". Deren Besitz vertei-
digten sie mit Mitteln, die alles andere als nobel
waren. Nach dem Motto. „Ein Freudenhaus ist
eben keine Lesehalle."

„Nur, wenn die ‚schrägen Grafen' es allzu toll
trieben, griff der Arm des Gesetzes zu", vermerken
die „Berliner Sitte(n)" und geben ein Beispiel:
„Etwa als im Anschluß an das große Zuhältertref-
fen Berlins im Jahre 1925 einige der dort ausge-
handelten Grenzen der Strichreviere von Ein-
dringlingen nicht akzeptiert wurden. Da gab es
blutige Kämpfe. Noch im gleichen Jahr fand eine so
spektakuläre Auseinandersetzung am Alex statt.

Rivalisierende Grafen versuchten, sich gegenseitig die besten Mädchen abzujagen. Besonderen

Ärger hatte ‚Titten-Erni' gemacht. die ihrem Beschützer entflohen war und in einem Lokal am Alex Zuflucht gesucht hatte. Bei der Konkurrenz.

Mit zwei schweren Limousinen – dicke Autos gehörten damals schon als Kennzeichen zu diesem Berufszweig – fuhren die Düpierten am Alex vor. Der Einsatz des Rausschmeißers, eines ehemaligen Schwergewichtsboxers, ging ins Leere. Von Pistolenkugeln, Totschlägern und Fäusten getroffen, brach der Koloß vor dem Lokal zusammen. Als der Wirt sich zeigte, ‚Titten-Erni' im Gefolge, begann der Kampf aufs neue. Doch der Versuch, ‚Titten-Erni' zu befreien und in die alte Sklaverei zurückzuführen, scheiterte. Blaulichter und Polizeisirenen beendeten den Kampf. Erst an der Stadtgrenze gelang es den Blitzern (Polizisten – d. A.), eines der Fluchtautos zu schnappen. Samt der adligen Insassenschaft und ihrem beeindruckenden Arsenal."

Ein Zuhälter wird Nationalheld

Den schrägen Grafen saß das Schießeisen locker, wenn das Pferdchen fremd ging. Erst recht, wenn es sich bei dem Abzocker um einen Außenstehenden, einen Ringfreien handelte. Ein solcher Fall machte im Jahr 1930 politische Geschichte in Deutschland. Die Rivalen in diesem Konflikt waren der Ringbruder Albrecht Höhler und der SA-Führer Horst Wessel. Der eine hielt es mit den Kommunisten, der andere mit den Nazis. Beiden

133

ging es um ein und dasselbe Mädchen: Erna Jaenichen.

Erna ging für Ali Höhler aus der Mulackstraße
im Scheunenviertel auf den Strich. Höhler, Mitglied von Immertreu, ist vorbestraft wegen Diebstahls, Meineids und Zuhälterei. Erna und Ali bilden bis zum Winter 1929/30 ein gutes Gespann. Da
verliebt sich das Straßenmädchen in einen ihrer
Freier und läßt Ali sitzen.

Horst Wessel, ihr Liebhaber, ist ein verkrachter
Jura-Student und Anführer des SA-Sturms 5 in
Friedrichshain, des gewalttätigsten Schlägerkom-
mandos der Berliner Nazis. Der dreiundzwanzig-
jährige Pastorensohn aus Bielefeld – als Acht-
zehnjähriger in die Nazi-Partei eingetreten – ist ein
Protegé des Gauleiters Dr. Joseph Goebbels, der
mit Saal- und Straßenschlachten, Hetz- und Ver-
leumdungspropaganda – nach eigenen Worten –
„Berlin erobern" will. Im SA-Sturm 5 (Wessel-De-
vise: „Wo andere greifen vergeblich an, da zieht
man den fünften Sturm heran!") sieht Goebbels
eine Kerntruppe. Zudem sorgt Wessels Idee, dem
Sturm einen Schalmeienzug anzuschließen, für
ständigen Zulauf. Schalmeien sind das traditionelle Marschinstrument der Arbeiterbewegung.
Viele lassen sich dadurch bluffen. Um so mehr ist
dann Goebbels enttäuscht, als sein Günstling die
Politik vernachlässigt und nicht mehr im Sturmlokal erscheint. Er läßt nachforschen und erfährt:
Horst Wessel lebt mit der Prostituierten Erna Jaenichen zusammen in einem möblierten Zimmer in
der Großen Frankfurter Straße 63 (heute Karl-
Marx-Allee, Höhe des Kinos International).

Ali Höhler, Ringbruder und Rotfrontkämpfer

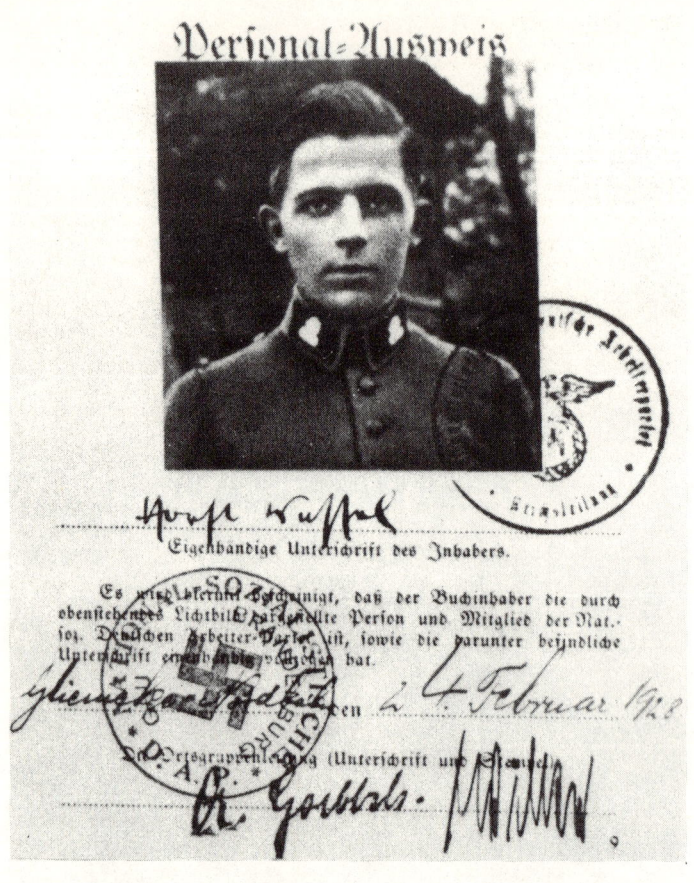

Horst Wessels Parteidokument mit der Unterschrift von Dr. Goebbels

Goebbels schickt Wessels Freunde in das Dirnenquartier. Sie kehren mit der Kunde zurück, der junge Mann interessiere sich nicht mehr für den Sturm oder die Partei, sondern nur noch für das Fräulein Jaenichen. Von ihrem Strichlohn halte sie den mittellosen und von seiner Familie gemiede-

Der SA-Sturmtrupp Friedrichshain mit Horst Wessel (rechts, stehend)

nen Ex-Studenten aus. Das aber ist auch ein Ärgernis für Ali Höhler, der ja die Talente seiner vormaligen Rieke marktfähig gemacht hat. So schlägt am 14. Januar 1930 die Dirnen-Romanze zum Polit-Drama um.

Ali Höhler diskutiert im Bären, seinem Stammlokal in der Dragonerstraße 48, mit den Gästen, darunter Ringbrüder und Genossen der Sturmabteilung Mitte, eine Neuauflage des 1929 verbotenen Rotfrontkämpferbundes (RFB). Denen dient das Lokal in der Nähe der Parteizentrale der KPD am Bülowplatz (heute Rosa-Luxemburg-Platz) als Treffpunkt.

Vor wenigen Stunden ist in der Nachbarschaft, in der Joachimstraße, ein kommunistischer Arbeiter aus dem Hinterhalt erschossen worden. Über die Täter gibt es keinen Zweifel: Nazis.

137

In der erregten Runde taucht unversehens Wessels Zimmerwirtin Elisabeth Salm, Witwe eines KPD-Mannes, auf. Sie stellt Höhler zur Rede. Er solle endlich etwas gegen den Nazi unternehmen, der sich bei ihr mit seinem Flittchen eingenistet hat. Der Name Horst Wessel wirkt auf die Versammelten wie ein rotes Tuch. Und Ali Höhler befindet, eine „proletarische Abreibung für den Obernazi" sei nun fällig.

Zu mehreren brechen sie mit der Witwe Salm zur Großen Frankfurter Straße auf. Der verschmähte Beschützer öffnet mit einem Nachschlüssel die Tür zu Erna Jaenichens Zimmer. Wessel sieht ihn kommen und langt nach dem Revolver. Doch Ali Höhler kommt ihm zuvor. Er schießt und macht sich davon. Die Kugel ist quer durch Wessels Mund in den Hals gedrungen. Sein Zustand ist hoffnungslos. Er stirbt am 23. Februar 1930 im Krankenhaus Friedrichshain.

Goebbels macht mit einer Propagandakampagne aus dem jungen Zuhälter flugs einen Helden, der als „Blutzeuge der Bewegung durch einen feigen Rotmord gefallen ist". Die unappetitlichen Details der Auseinandersetzung um eine Dirne ignoriert der Meister der Lüge, obwohl in einem großen Teil der deutschen Presse das Zuhälterduell breitgetreten wird.

Wessels Begräbnis auf dem St.-Nikolai-Friedhof an der Prenzlauer Allee benutzt Goebbels zu einer Großdemonstration der Nazis, die sich zu eine Straßenschlacht mit Kommunisten steigert. Er selbst hält die Trauerrede für den „unvergänglichen Märtyrer der Bewegung". Und dann singen alle am Grab das „Horst-Wessel-Lied".

„Das ist ein kleines Gedicht von sechzehn Zeilen, das Wessel fünf Monate vorher geschrieben hat", berichtet der Goebbels-Biograph Curt Rieß. „Ein geschicktes und wirksames Gemisch von Nazischlagworten und Phrasen, die andere geschaffen hatten, und die den Nazis schon im Ohr lagen. Irgend jemand entdeckte, daß man diese Zeilen auch nach einer alten Volksweise singen könnte, und dies war bei privaten Zusammenkünften auch schon geschehen, ohne besonderes Aufsehen zu erregen. Bei Wessels Beerdigung wird das Lied nun zum ersten Male in der breiten Öffentlichkeit gesungen. Von diesem Tag an ist es die offizielle Hymne der Partei."

Drei Jahre später wird Wessels „Die Fahne hoch" zum Bestandteil der deutschen Nazi-Hymne. Und der Verfasser wird zu einem Heroen der Nation erklärt.

Ali Höhler aber kommt vor Gericht. In der politischen Schlammschlacht, die Goebbels gegen ihn entfesselt, können ihm auch seine Immertreuen nicht helfen. Seine Partei, darauf bedacht, sich von dem Nazi-Vorwurf zu reinigen, sie stecke hinter dem „Rotmord", distanziert sich. Sie läßt den „Zuhälter und Polizeispitzel", so die KPD-Presse, fallen. Das Urteil lautet auf sechs Jahre Gefängnis wegen Totschlags.

Als die Nazis an die Macht kommen, hat Ali Höhler drei Jahre abgesessen. Sein Name steht in der Schwarzen Liste obenan. Im September 1933 verschleppen ihn SA-Männer, die als Hilfspolizisten auftreten, aus dem Gefängnis in eine einsame Waldgegend bei Freienwalde. Dort wird er „erledigt". Später beseitigen Nazi-Justiz und Gestapo auch die Zimmerwirtin Salm und andere Zeugen des wahren Sachverhalts, die unter Umständen den Horst-Wessel-Mythos hätten gefährden können.

Daß Immertreu dem Ringbruder Ali Höhler nicht beispringen konnte, lag nicht ausschließlich an der massiven Goebbels-Propaganda. Der Stern der Ringvereine war zu dieser Zeit schon im Sinken. Seit der großen Straßenschlacht der Unterwelt am Schlesischen Bahnhof, Ende 1928, sah die Polizei den Ringbrüdern schärfer auf die Finger, wuchs der Druck der Öffentlichkeit auf die Justiz, die Ganovenvereine nicht länger mit Samthandschuhen anzufassen. Überdies begannen sich die Reihen der Bruderherzen zu lichten. Als die Wahlerfolge der Nazis immer mehr wuchsen, wechselten viele Ringbrüder vom Vereinslokal ins Sturmlokal der SA.

Die Sitten werden rauher

„Wieviel Jahre Gefängnis haben Sie verdient?" will im Januar 1929 das in Berlin herausgegebene Gesellschaftsmagazin „UHU" von seinen Lesern erfahren. Es empfiehlt, 35 Fragen nach Gesetzesverletzungen ehrlich zu beantworten und nimmt die Schlußfolgerung vorweg: „Ein Rattenschwanz von Strafen erwartet jeden, der sich für noch so unschuldig hält. Und wahrscheinlich ergeht es Ihnen nicht viel besser als dem Amtsgerichtsrat, der reumütig entdecken mußte, daß er von Rechts wegen für längere Zeit ins Gefängnis gehört. Nicht unmöglich, daß Sie über sich selber erschrecken, wenn Sie sich Ihr eigenes Strafmaß zudiktieren müssen. Um so mehr Spaß wird's Ihnen dann machen, wenn Sie auch bei Ihren Bekannten auf den Busch klopfen . . ."

Die Vorstände der Ringvereine Immertreu und Norden finden den Einfall der Magazinredakteure absolut nicht spaßig. Die Frage nach den Knast-Jahren beschäftigt sie nicht nur theoretisch. Die Unterwelt macht sich Sorgen. Seit der erst wenige Wochen zurückliegenden Massenschlägerei zwischen Ringvereinlern und Hamburger Zimmerleuten in der Breslauer Straße, beherrscht das Thema „Ringvereine = Gangsterbanden" die Ti-

telseiten nicht nur der Berliner Blätter. Spalten-
lang ist über Großrazzien im Scheunenviertel und
rund um den Schlesischen Bahnhof berichtet und
das „forsche Durchgreifen" unter Führung der
Kriminalräte Galzow und Dr. Berndorf gewürdigt
worden.

„Die Polizei will dem gegenwärtigen Zustand
der Verbrecherromantik unter allen Umständen
ein Ende machen. Alle Unterwelt-Bälle sind von
den Organisatoren abgesagt worden. Sie wollen
sich durch Wohlverhalten die Polizei wieder ge-
neigt machen. Das wird ihnen aber nichts nützen",
glaubt der Kommentator des Boulevardblatts
Nachtausgabe. Die Vossische Zeitung äußert
Skepsis: „Fürchtet man, in diesem Gefecht nicht
Sieger zu bleiben?"

Unter dem Druck der öffentlichen Meinung,
verbietet Polizeipräsident Zörgiebel am 7. Januar
die beiden an der Straßenschlacht beteiligten
Ringvereine nach Paragraph 2 des Vereinsgeset-
zes von 1908, „weil die Zwecke dieser Vereine
den Strafgesetzen zuwider laufen". Der Schlag
richtet sich nicht gegen Immertreu und Norden
allein. Er zielt gegen alle Berliner Ringvereine.
In den Hochburgen der Unterwelt wird befürch-
tet, der unmittelbar bevorstehende Prozeß in
Sachen Massenschlägerei könnte für alle das Aus
bedeuten.

Doch man hat ja zum Glück Fäden zur Oberwelt, sehr solide Kontakte. Zum Beispiel zu den er-
folgreichsten Berliner Strafverteidigern Dr. Dr.
Erich Frey und Dr. Max Alsberg, Ehrenmitglieder
etlicher Ringvereine, denen sie wiederholt aus der

Klemme halfen. Beide fechten denn auch bereitwillig das Vereinsverbot an.

Wie das Arrangement zustandekam, ist den „Gaunergeschichten" zu entnehmen:

„Dr. Frey hatte nach der Straßenschlacht in der Breslauer Straße Besuch von acht ‚Immertreu'-Bräuten bekommen, den ‚Verlobten' der verhafteten Rädelsführer. ‚Aktien-Mieze', die Freundin ‚Muskel-Adolfs', sprach für alle. Sie bat den Star-Anwalt, die Angeschuldigten vor Gericht zu vertreten, um sein als horrend bekanntes Honorar solle er sich keine Sorgen machen. ‚Anjezahlt wird sofort. Und det is keene heiße Ware, Herr Doktor.'

‚Aktien-Mieze' und ihre Gefährtinnen streiften ihre Ringe von den Fingern, legten die Ohrringe dazu, die Halsketten folgten.

Frey rief seinen Bürovorsteher. Der quittierte den Empfang der erstaunlichen Anzahlung und schloß sie in den Safe. Frey hatte zugesagt, amüsiert über die originelle Aufgabe und bewußt, gerade durch diesen Fall seinen Ruhm zu vergrößern.

Für die Schläger und Messerstecher von Norden soll Alsberg in die Bresche springen. Vorschuß: 10 000 Mark. Über diesen Juristen erfährt man aus den „Gaunergeschichten":

„Alsberg hatte sich Mitte der zwanziger Jahre am Nollendorfplatz eine 14-Zimmer-Praxis eingerichtet, die alles übertraf, was je ein deutscher Anwalt zur Verfügung gehabt hatte . . .

Vier Soziusse, zwei Bürovorsteher mit vier Gehilfen, siebzehn Referendare, sechs Assessoren, fünfzehn Sekretärinnen und vier Botenjungen bilden die schlagkräftige Truppe des erfolgsverwöhnten Anwalts, der es sich leisten konnte, für eine solche Praxis Monat für Monat 20 000 Mark auszugehen."

Eine Anekdote über den vielbeschäftigten Anwalt begann damit, das Alsberg zu spät zu einer Verhandlung kommt. „Als er die Tür zum Gerichtssaal öffnet, sieht er, daß sich das Gericht bereits zur Beratung zurückzieht. Er ruft den Herren nach: ‚Darf ich das Hohe Gericht erinnern an die Paragraphen . . .' Und nennt die in Frage kommenden Ziffern. Schon wenig später verkündet das Gericht: ‚Nach dem überzeugenden Plädoyer der Verteidigung kann das Gericht nur auf Freispruch erkennen' . . ."

Prozeß in Moabit

Der Immertreu/Norden-Prozeß beginnt am 4. Februar 1929. Lange vor der Eröffnung gleicht das Kriminalgericht Moabit in der Turmstraße einer belagerten Festung. Bewaffnete Einheiten der Schutzpolizei sichern die Umgebung, bilden Sperrketten, untersuchen die Zuschauer vor dem Einlaß auf Waffen.

Der Kleine Schwurgerichtssaal des Schöffengerichts Berlin-Mitte ist überfüllt. Auf der Pressetribüne Reporter aus der ganzen Welt. Der erste gemeinsame Prozeßauftritt von Frey und Alsberg – beide auch im Ausland bekannt –, noch dazu in einem Verfahren gegen die berüchtigten Ringvereine, verspricht eine Sensation zu werden.

144

Der Immertreu-Prozeß vor dem Kriminalgericht in Moabit. Links: Muskel-Adolf, rechts: Staranwalt Erich Frey

Auf der Anklagebank sitzen Immertreu-Boß Muskel-Adolf, sein Kumpan Mollen-Albert und sieben weitere Schlägertypen, darunter zwei Nichtmitglieder. „Die Angeklagten entsprachen in ihrem Äußeren dem, was sich die feinen Damen aus dem Berliner Westen erhofft hatten. Sie waren fast alle kräftige, gedrungene Gestalten. Und sieben von ihnen waren für die Justiz keine Unbekannten mehr, wenn auch ihre Vorstrafen alle unter einem Jahr lagen – so geschickt waren sie gewesen.

Der Prozeßverlauf an sich war überraschend. Die Presse hatte die Berliner Ringvereine als Verbrechervereine à la Chikago hingestellt. Das Verbot durch den Polizeipräsidenten hatte dieses Bild vervollständigt." („Berliner Gaunergeschichten")

Dieser Eindruck verwischt sich schnell. Schon der erste Zeuge, Klosterkeller-Wirt Bach, der faktisch Muskel-Adolf das Stichwort für die Massenschlägerei lieferte, vermeidet ängstlich, jemanden zu belasten, weicht geschickt allen diesbezüglichen Fragen aus. Er hat – neben dem zunftüblichen guten Rat – wie alle potentiellen Belastungszeugen 300 Mark Schweigegeld aus den Vereinskassen erhalten, was erst lange nach dem Prozeß ans Tageslicht kommt. Andere Zeugen beteuern, daß die beiden Vereine keineswegs Verbrecher protegierten, sondern vielmehr Vorbestraften halfen, nicht rückfällig zu werden.

Im Gerichtsprotokoll liest sich denn auch eine Zeugenvernehmung wie der Dialog in einer Posse:

Vorsitzender: „War einer von diesen (Fingerzeig zur Anklagebank) dabei? Nein? Der Zeuge will sich nicht zu erinnern wissen? Sind Sie nicht stehengeblieben, als die Schlägerei in Gang kam?"

Zeuge: „Ich werd' mich hüten! (Heiterkeit im Saal) Wenn mich ein Immertreuer gesehen hätte, hätt' ich Kloppe jekriecht. Weil er gedacht hätte, ich steh' auf Seiten der Zimmerleute. Und wenn mich ein Zimmermann gesehen hätte, wäre es mir ebenso ergangen."

Vorsitzender: „Aber die Leute sollen sich doch mit stumpfen Gegenständen aus dem Lokal bewaffnet haben?"

Zeuge: „Ich kann beschwören, daß das nicht der Fall war."

Vorsitzender: „Ein Zeuge wird aber bekunden, daß die Vereine militärisch organisiert seien und daß, wenn ein Mitglied angegriffen wird, auch von der Polizei, sie ihm beispringen müssen."

Zwischenruf von Muskel-Adolf: „Kommt gar nicht in Frage, Herr Rat. Der Mann muß sich gründlich irren!"

Und so geht es munter weiter. Prozeßtag für Prozeßtag. Erinnerungslücken, Gedächtnisschwäche. „Es war ja dunkel, Hohes Gericht, und so ein Jewühle. Da muß ick mir verguckt haben – und was ick nich jeseh'n habe, det kann ick doch nich beschwör'n . . ."

Auch die Polizei hat schlechte Karten. Dr. Frey, blitzendes Monokel im Auge, zerpflückt brillant die Ermittlungsergebnisse. Alsberg spricht davon, daß „eine Schlägerei, wie sie in einer solchen Gegend an der Tagesordnung ist", unmöglich den Tatbestand des schweren Landfriedensbruchs rechtfertigen könne. Die vom Prozeßverlauf beeinflußten minimalen Strafanträge des Staatsanwalts bezeichnet er als absurd. Freispruch für alle Angeklagten sei unumgänglich. Außerdem sei der Vorwurf verbrecherischer Zielsetzung beider Vereine juristisch unhaltbar.

„Gründer und Mitglieder des Vereins ‚Immertreu', von Beruf meistens ‚Geschäftsführer', aber auch Kellner, Wächter und Hausdiener, sitzen schmunzelnd hinter ihrer Kette von Rechtsanwälten und beobachten sachkundig die geschickten Manöver, mit denen die Anklage erschüttert werden soll", notiert ein Gerichtsreporter.

Die Urteile entsprechen am Ende dem Prozeßverlauf: Muskel-Adolf zehn Monate, Mollen-Albert fünf Monate Gefängnis, beide wegen „ein-

147

fachen Landfriedensbruch in Tateinheit mit Rauf-
handel". Freispruch für ihre sieben Mitraufer.

In der recht kläglichen Urteilsbegründung heißt
es unter anderem: „Einige Zeugen hielten offen-
sichtlich mit ihren Aussagen zurück, so daß der
Klärung des Tatbestandes große Schwierigkeiten
entgegenstanden. Hinzu kommt noch, daß die
Zimmerleute und Maurer in ihrer einfachen, un-
beholfenen Art und durch ihre dialektischen,
landsmannschaftlichen Besonderheiten des Hoch-
deutschen nicht so gewandt waren, und so ihre
Aussagen zum Teil nicht die notwendige Klarheit
trotz allen Befragens ergaben . . .

Nach dem Eindruck des Gerichts bilden die ,Im-
mertreu'-Leute und die ihnen verwandten Vereine
zwar einen Lebenskreis für sich, mit eigener Moral
und eigenem Ehrenkodex, eigenen Sitten und Ge-
bräuchen, der über große Geldmittel aus nicht er-
sichtlichen Quellen verfügt." Aber: Eine forciert
kriminelle Zielsetzung sei den Ringvereinen nicht
nachzuweisen.

Die Bruderherzen sind wieder einmal glimpflich
davongekommen. Bald nach dem Prozeß muß der
Polizeipräsident auch das Vereinsverbot aufheben.
Bei der Sieges-Gala ist denn auch Berlins Haute-
volee zur Stelle. Mit den Nothelfern Dr. Frey und
Dr. Alsberg an der Spitze.

In eingeweihten Kreisen wird der Prozeßaus-
gang nüchtern beurteilt. Ein klarer Fall! Was kön-
nen so kleine Richter schon ausrichten gegen die
Schutzpatrone im Polizeipräsidium und gegen die
Großkopfeten, die durch ihre Zuschüsse mit den
Vereinen unter einer Decke stecken.

Ein bezeichnender Vorfall am Rande des Prozesses wird in den „Gaunergeschichten" erzählt: „Ausgerechnet dem Verteidiger der ‚Immertreuen', Dr. Frey, wurde aus dem Anwaltszimmer ein Pelzmantel im Werte von 5000 Mark gestohlen. Frey erklärte darauf sofort, dies sei nur geschehen, um seine Schützlinge zu diskreditieren. Alsberg argwöhnte dagegen, sein Kollege habe wieder einmal einen wirkungsvollen Reklame-Coup gelandet.

Der Vorfall wurde nie aufgeklärt. Zu Weihnachten aber erhielt Frey ein Paket von der ‚Aktien-Mieze'. Der Inhalt: ein neuer Pelzmantel, der dem gestohlenen aufs Haar glich."

Noch nach Jahrzehnten bestritt Ringvereins-Veteran Franz Czarzynski, ehemals Vorsitzender von Hand in Hand, energisch: „Ein Ringbruder als Dieb? Das wäre völlig ausgeschlossen gewesen. Wir hätten doch niemals einen Menschen geschädigt, der uns Gutes erwiesen hat . . ."

Betrüger stürzen den Oberbürgermeister

Im weiteren Verlauf des Jahres 1929 verschwanden die Ringvereine für eine Weile aus den Schlagzeilen. Ein Trio von Stehkragen-Verbrechern beanspruchte die größere Aufmerksamkeit. Es hatte Berlin einen Riesenskandal beschert, in den hohe und höchste Kommunalpolitiker und -beamte verwickelt waren.

Die Betrüger waren Brüder. Sie hießen Max, Willi und Leo Sklarek. Sie hatten es verstanden, das Monopol für die Belieferung aller städtischen Dienststellen und Einrichtungen mit Textilien an sich zu reißen.

„Die Gebrüder Sklarek betrieben in Berlin eine Tuchfabrik, die Uniformen für Polizisten, Feuerwehrmänner und andere städtische Beamte anfertigte", berichtete der Publizist Otto Friedrich über eine der größten Korruptionsaffären der Weimarer Republik. „Das Geschäft der Sklareks blühte. Die Sklareks veranstalteten Pferderennen. Die Sklareks bewirteten führende Männer der Stadt. Die Sklareks waren mit dem Oberbürgermeister von Berlin, Gustav Böß, befreundet, einem hochangesehenen Beamten, der 1921 in das Rathaus eingezogen war. Die Sklareks schenkten Frau Böß einen Pelzmantel. Sie beschafften sich nach einem raffinierten System Quittungen für Uniformen, die nie geliefert wurden. Das brachte ihnen mehr als acht Millionen Reichsmark ein.

Als die Sache aufflog, befand sich Oberbürgermeister Böß auf Reisen in den Vereinigten Staaten. Bei seiner Rückkehr wurde er auf dem Bahnhof von aufgebrachten Nazis empfangen, die jüdische Geschäftsleute und korrupte Beamte beschimpften. Der Oberbürgermeister trat sofort zurück und leitete eine amtliche Untersuchung gegen sich selbst ein, die die Nazis fast über das ganze Jahr 1930 hinzogen. Schließlich wurde Böß zu einer Geldbuße verurteilt, und die Sklareks gingen in Konkurs, aber der politische Schaden war irreparabel. Genau das war es, was die Nazis erreichen wollten, wie Goebbels sagte: „eine Erschütterung des ‚Systems'."

Die sauberen Brüder Sklarek hatten Helfershelfer in den Ämtern mit Geld und wertvollen Textilien gespickt; geizten nicht mit Spenden in die Kassen fast aller politischen Parteien, besaßen demzufolge eine Lobby in allen Fraktionen der Stadtparlamente. Ihre Gewinne verjubelten sie im Stil „Nach uns die Sintflut". Und die Creme der Berliner Gesellschaft rechnete es sich als hohe Ehre an, dabeizusein.

Zwei subalterne Stadtbankrevisoren kamen den Sklareks durch einen Zufall hinter die Schliche. Die Verhaftung des Gauner-Trios im September 1929 kam einem politischen Erdbeben gleich. Berlin war als „Sklarekstadt" in aller Munde. Funktionäre der SPD, KPD-Stadträte und ein Bürgermeister, standen als Galionsfiguren der Sklarek-Manipulationen am Pranger. Den Oberbürgermeister Böß traf der Vorwurf passiver Bestechung.

Nach Abschluß der fast zwei Jahre dauernden Ermittlungen, begann einer der sensationellsten Prozesse der Weimarer Republik. 14 Angeklagte standen vor Gericht. Berge von 500 Aktenbänden waren zu durchforsten, 23 Sachverständige und 614 Zeugen anzuhören. Während der neunmonatigen Dauer des Strafverfahrens starben zwei Angeklagte und einer der Anwälte. Ein Zeuge beging Selbstmord.

Am 124. Prozeßtag wurden Leo und Willi Sklarek wegen Betruges in Tateinheit mit schwerer Urkundenfälschung und aktiver Bestechung zu jeweils vier Jahren Zuchthaus und fünf Jahren Ehrverlust verurteilt. Der todkranke Max Sklarek

blieb auf freiem Fuß. Zwei Stadträte, zwei Stadt-
bankdirektoren und ein Bürgermeister namens
Kohl sowie der Sklarek-Hauptbuchhalter erhielten Gefängnisstrafen.

Als der Fall Sklarek Schlagzeilen machte, waren
die Goldenen Zwanziger Jahre verrauscht. Am 25.
Oktober 1929, exakt vier Wochen nach der Verhaftung der Sklarek-Brüder, endete der halsbre-
cherische Taumel: Der als Schwarzer Freitag in die
Geschichte eingegangene New Yorker Börsenzu-
sammenbruch schickte das Gespenst der Weltwirt-
schaftskrise über den Atlantik.

„In der Königsallee in Berlin-Grunewald, in deren Villen der Reichtum residierte, gingen die
Lichter aus. Keine Feier mehr mit Meyer. In
den Hinterhofvierteln der Stadt steigerte sich
das proletarische Elend im Laufe weniger Monate
zur Hungersnot. In den Wohnungen der Kleinbür-
ger nistete sich die Existenzangst ein. In der
Hauptstadt wie in der Provinz kam die Krise wie
eine Lawine: unversehens, unausweichlich",
schrieb vier Jahrzehnte später der Historiker Wilhelm Treue.

„Schon im Mai 1930 gab es in Deutschland fast
drei Millionen Arbeitslose. Im Spätsommer 1932
waren es rund fünf Millionen; und nur noch ein
Viertel der Gewerkschaftsmitglieder hatte noch
einen Arbeitsplatz. Es wurden am Ende sechs Millionen, die viele Stunden lang Schlange standen,
zweimal wöchentlich, um ihre Unterstützung zu
empfangen."

Millionen Menschen ohne Hoffnung: „Sie spielten Karten, sie demonstrierten, einige von ihnen

wurden straffällig. Eine üble Zeit. Man selbst ging zur Arbeit, und überall in den Straßen standen junge Männer und junge Mädchen herum, lungerten einfach nur herum. Allein in der Viermillionenstadt Berlin gab es 750 000 Arbeitslose. Sie tranken hier und da ein Bier, sie gingen in den Wäldern spazieren, sie hatten Hunger ... "

Die Zeitenwende bekamen auch die Ringvereine zu spüren. Viele Mitläufer, die auf Vermittlung von Arbeit gehofft hatten, kehrten den Vereinen den Rücken. Sie landeten – von der Parole „Arbeit und Brot" angezogen – bei der SA: Außer Braunhemd und Koppelzeug erwartete sie dort Verpflegung und Handgeld. So manchen, der „mit der Brechstange verwandt" war, lockten die Fleischtöpfe der Nazis. Versierte Schläger konnten die Straßenkämpfer des Dr. Goebbels immer gut gebrauchen, waren doch „die bestimmenden Elemente in der SA von professionellen Gangstern kaum zu unterscheiden" (Otto Friedrich). So kam es denn häufig vor, daß sich bei Saalschlachten und anderen gewalttätigen Auseinandersetzungen zwischen Rechten und Linken ehemalige Bruderherzen Auge in Auge gegenüberstanden. Und das Bruderwort galt nicht mehr.

Al Capones Leibwächter mischt mit

In einem Klima zunehmender Brutalität avancieren amerikanische Gangsterfilme zu Vorbildern für die Berliner Unterwelt. Ein in den Polizeiakten als Käpt'n Bilbo geführter Superganove, dessen bürgerlicher Name nicht mehr bekannt ist, rechtfertigt seine Raubzüge damit, daß er ein Rebell aus Leidenschaft und der Weltbürger Nr. 1 sei. Er rühmt sich, als Leibwächter des Chikagoer Gangsterchefs Al Capone sein Handwerk gelernt zu haben.

Der Ton der Ringbrüder wird rauher, ihre Methoden werden rücksichtsloser. Wer die Schutzgebühr säumig zahlt oder verweigert, dem wird der Laden kurz und klein geschlagen. Nun auch von den sich ausbreitenden ringfreien Verbrecher-Gemeinschaften, die der Zunft der Ehrenwerten die Reviere streitig machen.

Die Ringvereine wehren sich erbittert, entsenden Strafexpeditionen und Rollkommandos in die Treffs und Verkehrslokale der Wilderer. Auf beiden Seiten fließt Blut.

Im April 1930 überfallen drei Mitglieder des Ringvereins Berolina spätabends die Gaststätte Sagasse in der Greifswalder Straße 13 – Rache für ein Lokalverbot, das über den Verein wegen wiederholter Prügeleien mit Wilderern verhängt worden ist. Der Wirt wehrt sich. Bei einem Schußwechsel bleiben ein Toter und zwei Schwerverletzte auf der Strecke.

Bandenterror auch in Charlottenburg. Eine Strafexpedition von dreißig Schlägern dringt eines Abends in das Hotel Dresdner Hof am Stuttgarter

Platz 17 ein. Der Grund: Entlassung eines Kellners. Die Ganoven demolieren die Einrichtung des Restaurants, schlagen mit Biergläsern auf die Gäste ein. Sie entkommen unerkannt, da sie vorsorglich die Telefonleitung zerschnitten haben.

Kurz danach meldet sich der Ringverein Treue Freunde bei Hotelbesitzer Klose. Der Vorstand dieses Rattenvereins verlangt die Wiedereinstellung des Entlassenen und droht bei einer Anzeige mit einer Wiederholung des Besuchs. Da der Wirt beides nicht akzeptiert, kommt es zu einer zweiten Randale, bei der diesmal die Polizei rechtzeitig zur Stelle ist.

Die grassierende Unsicherheit auf den nächtlichen Straßen und in den Lokalen verschafft der Reichshauptstadt einen immer schlechteren Ruf, klagt die Zeitung Nachtausgabe im April 1931: „Man spricht nur noch von ‚Wild-West' und stellt sich damit ganze Stadtteile vor, die nur von Verbrechern bevölkert sind, während es, wie gesagt, nur verschwindend wenige, wohlbekannte Leute sind, die die erdrückende Majorität der Bevölkerung terrorisieren."

Die wenigen, wohlbekannten Leute, deren Namen vorsichtshalber öffentlich nicht genannt werden, sind vor allem die Bosse der Ringvereine. Noch immer stehen sie in der Gunst der piekfeinen Gesellschaft, die mit ihnen tafelt. Etwa anläßlich einer Felicita der Deutschen Kraft im Nobel-Restaurant Rheingold am Potsdamer Platz. Ein Galaabend, über den es im Gesellschaftsteil der hauptstädtischen Blätter hieß, daß „bekannte Strafverteidiger und hohe Polizeibeamte als Ehrengäste" anwesend sind.

Auch die Immertreuen lassen sich nicht lumpen. Ihr 10. Stiftungsfest im April 1931 vereint im Saalbau Friedrichshain 3 000 geladene Gäste: Ganoven, Schickeria in trauter Eintracht. Es stört niemanden, daß der neue Polizeipräsident Grzesinsky vor wenigen Stunden im Radio drastische Maßnahmen gegen das „Unwesen der Ringvereine" angekündigt hat. Doch um Mitternacht erfährt die glanzvolle Felicita eine jähe Unterbrechung: Großrazzia!

250 Polizisten und Kriminalbeamte riegeln den Saalbau ab, besetzen die Ausgänge, postieren sich zwischen den Tischreihen. Die Nachtausgabe vom 27. April berichtet:

„Das Milieu ist von allererster Klasse. Der Riesensaal, ein einziges Blumenmeer, über dem die Standarten befreundeter Ringvereine aus dem ganzen Reich ragen. Auf einem Podest zwanzig Mann Kapelle. Die Tafeln brechen fast unter der Last erlesener Speisen und Getränke, serviert auf Silber, Kristall, Porzellan. Die Tombola (Lospreis 50 Pfennige) überladen mit Preisen und Präsentkörben, deren sich der Presseball nicht hätte zu schämen brauchen.

In die sich erhebende Unruhe der Gäste ruft uns ein führender Ringmann zu: ‚Bildet euch bloß nicht ein, daß ihr uns eine Überraschung bereitet!' Das gilt wohl dem Leiter der Razzia, Kriminalkommissar Trettin, scharfer Gegner der Ringvereinler. Doch ehe Gewalttätigkeiten ausbrechen, hält der eine stilvolle Rede. Sie ist der Clou des Abends. ‚Meine Damen und Herren', sagt er ruhig. ‚Wir haben die Aufgabe erhalten, Ihr Festvergnügen für kurze Zeit zu stören. Ich möchte Sie höflichst bitten, sich zu fügen und für ein paar Minuten die Fröhlichkeit zu unterbrechen. Unterstützen Sie uns, damit Sie möglichst schnell das Tanzbein schwingen können.'

Die Spezialisten machen sich nun an die Arbeit. Kontrollieren die Damen und Herren in der Abendgarderobe. Sie kennen ihre Schäfchen – Zapfe, Experte für ‚Schränker', Rassov und Quoos, versiert in den Visagen der Diebe und Einbrecher. Kein lautes Wort fällt, aber die betretenen Mienen bei vielen Befrackten, die mit den ‚Immertreu'-Herren an einer Tafel sitzen, sprechen Bände.

Groß ist die Ausbeute nicht. Nur fünfzig ‚Immertreue' werden vorsorglich, aber nur vorübergehend, festgenommen und abgeführt. Es war wohl tatsächlich keine Überraschung. Das Ausbleiben ‚vertrauter' Kripoleute wird den Vorstand gewarnt haben. Es war vielmehr eine Geste des Polizeipräsidenten zu dem friedliebenden Bürger hin, um ihm zu beweisen, daß selbst ein so seltener Anlaß wie ein zehnjähriges Jubiläum, die Polizei nicht von energischem Auftreten abhalten kann . . ."

Dennoch markierte jener Großeinsatz der Polizei den Anfang vom Ende der Ringvereine. Er ist die Einleitung einer wirksamen „Vergrämungstaktik". Eines Wechselspiels schlagartiger Razzien und Haussuchungen, Festnahmen beim geringsten Verdacht und Schließung berüchtigter Verkehrslokale aus rein formalen Gründen. Mit dieser Taktik, flankiert von einer Kette Strafverfahren, gelang es ab Mitte 1931 den Ordnungs- und Gesetzeshütern, die Macht der Berliner Ringvereine allmählich zu untergraben. Die aber dachten nicht daran, das Terrain kampflos aufzugeben.

Das blutige Ende

Zwei Gestalten schlurfen durch die Ackerstraße. Arbeitslose. Hängende Schultern, hoffnungslose Gesichter. Abgewetzt die Joppen aus besseren Tagen. Zwei von mehr als 23 Millionen Menschen, die 1932 in Deutschland von öffentlichen Geldern leben. Millionen andere, die noch in Lohn und Brot stehen, sind nicht viel besser dran. Der tarifliche Stundenlohn eines Facharbeiters beträgt 78,2 Reichspfennige, der eines Hilfsarbeiters 62,3.

In den Taschen der beiden Männer klimpern die paar Mark „Stütze", die sie eben von der Stempelstelle geholt haben. Vor einem Kneipenfenster mit den verlockenden Schriftzügen Bierschwemme bleiben sie stehen.Zögern. „Ach wat, Justav", sagt der jüngere. „Für 'ne Molle reicht's doch noch."

Im Lokal finden sie Leidensgenossen vor. Einer studiert stirnrunzelnd die Zeitung. Wischt das Blatt wütend vom Tisch. „Schon wieder 'ne neue Notverordnung! Die Stütze woll'nse um dreiundzwanzig Prozent senken, die ‚Wohlfahrt' um fuffzehn. Und die Steuern erhöhen! Da kann man sich ja jleich 'nen Strick nehmen!"

„Mensch, Orje, det kann dir doch schnuppe sein. Du bist doch schon lang' ausjesteuert", ruft ihm einer zu.

„Hör mal her, was hier steht", fährt sein Nachbar dazwischen, der das Zeitungsblatt aufgenommen hat. Er liest vor: „SA-Banditen fielen aus dem Hinterhalt in Stärke von vierhundert bis fünfhundert Mann über einzelne Sportpalastbesucher her. Doch schon Minuten später eilten in Scharen Arbeiter herbei. Überfall- auf Überfallkommando rückte an. Mit herabgelassenen Kinnriemen patrouillierten Polizisten die Potsdamer Straße auf und ab . . ."

Jetzt reden alle durcheinander. „Dafür hat die Rejierung immer Geld – für die Polente" . . . „Mann, det wird ja immer schlimmer mit de Nazis" . . . „Na, deine Kommune is ooch nich ville besser, wenn's um 'ne Klopperei jeht" . . . „Dir soll ick wohl die Fresse polieren, du Stehkragenprolet!"

„Nu haltet mal endlich die Schnauze! Sonst lass' ick mal det ‚Zepter der Republik' tanzen!" Der Wirt schlägt ein paarmal mit dem rasch hervorgeholten Gummiknüppel auf den Thekentisch. „Prächt euch lieber das da ein." Er weist mit dem Daumen auf das Schild hinter seinem Rücken. Darauf steht – fein säuberlich mit schwarzer Ausziehtusche gemalt:

„Mir sind alle Gäste gleich –
Christen, Juden, Heiden.
Nur auf die hab' ick 'nen Pick,
die politisch kohlen.
Die verfluchte Politik
soll der Teufel holen!"

„Recht hat der Boost", grinst einer der Zuhälter, die mit ihren um diese Tageszeit noch verschlafen wirkenden Bräuten zusammensitzen.

„Politik, det bringt nischt ein. Aber jevögelt wird immer!"

Die Gesellschaft an seinem Tisch findet das urkomisch. Die Mädchen juchzen.

„Na, ihr werdet euch ooch noch wundern", dämpft einer der Arbeitslosen die Ausgelassenheit der Runde.

„He, ihr Schlauberger!" Vom Stammtisch beugt sich einer der Luden zu den beiden Neuankömmlingen. „Ihr seid hier Gäste in einem Vereinslokal. In unserem Vereinslokal", betont er, lässig die Hand hebend, an der ein goldener Siegelring glänzt. „Bei uns wird nicht politisiert. Sonst gibt's 'was auf die Fresse, verstanden?"

Die beiden zahlen schweigend ihr Bier. Als sie das Lokal verlassen haben, dröhnt ihnen von der nahen Elsässer Straße her Motorenlärm und abgerissener Gesang in die Ohren . . . „Haut die Juden, stellt die Bonzen an die Wand!" Drei Lastwagen, beklebt mit Wahlparolen und besetzt mit fahnenschwenkenden Braunhemden, biegen um die Ecke.

„Alles Ganoven", knurrt der ältere. Mit einem Seitenblick auch auf das Vereinslokal der Ringbrüder.

Politik verdirbt den Charakter

Politisches Engagement lag den Ringvereinen fern. Sie hielten sich für unpolitisch und gingen ihren Geschäften nach, wie es die Satzungen vorschrieben: „Ohne Einfluß auf die öffentliche Meinung in politischen und religiösen Fragen". Von der sozialen Struktur her standen sie allerdings der Linken nahe.

Den Typ des unpolitischen kleinen Ganoven jener Tage hat der Schriftsteller Alfred Döblin (1878–1957) in seinem bekanntesten Roman „Berlin Alexanderplatz" dargestellt. Seine „Geschichte vom Franz Biberkopf", erschienen 1929, kennzeichnet den dornenreichen Weg eines vom Schicksal Gebeutelten in eine kriminell durchsetzten Gesellschaft, der er nicht gewachsen ist. Er kommt aus dem Gefängnis, gerät an Unterweltler, an Kommunisten und Nazis. Er wird beschimpft, betrogen, verstümmelt. Eine Wegstrecke lang ist er Einbrecher, Zuhälter. Denn: „Vom Arbeiten is noch keen Mensch reich geworden, sag' ich dir. Nur vom Schwindeln." Und bevor Franz Biberkopf – fast zu spät – die Spielregeln durchschaut, denen der kleine Mann in der bürgerlichen Gesellschaft unterworfen ist, glaubt er wie so viele und zu allen Zeiten: „Die Politik geht mir nichts an, und wenn die Menschen so dämlich sind, sich ausbeuten zu lassen, kann ick nichts dafür. Wer soll sich für alle Leute den Kopp zerbrechen?"

So oder ähnlich auch das Credo der Bruderherzen. Politik verdirbt den Charakter, entgegneten sie, wenn jemand den politischen Meinungsstreit von der Straße ins Vereinslokal tragen wollte. Fand aber einer aus ihrer Mitte seine Seligkeit bei Marx oder Thälmann, konnten sie durchaus Toleranz üben.

„Wer Kommunist war, na der war eben Kommunist. Das spielte keine Rolle bei uns, wenn er sonst in Ordnung war. Bloß Nazi durfte keiner sein. Soweit ich weiß, war keiner in der SA. Den hätten'se ooch totgeschlagen, wenn er in Uniform gegangen wär", äußerte einmal Otto, ein Ringvereins-Veteran, den der Autor Peter Feraru in der Berliner Zeitung vom 2. Januar 1993 zitierte. Aber diese Einschätzung bezog sich schon auf die Zeit, da politischer Einfluß zur Zersetzung der Ringvereine beitrug.

Anfangs hatten die Bruderherzen von den „varrickten Schreihälsen im Mostrichhemd" wenig Notiz genommen. In ihr Blickfeld rückten jene erst, nachdem der Polizeipräsident am 5. Mai 1927 – als Folge einer Serie von Straßenkrawallen und politischen Morden – über die Nazi-Partei, deren Sturmabteilung (SA) und übrigen Organisationen ein Verbot im Gebiet von Groß-Berlin verhängte. Gauleiter Goebbels schickte flugs seine SA-Schläger für die Dauer des Verbots (es wurde am 31. März 1928 wieder aufgehoben) in den Untergrund.

Die Nazis formierten sich – Zufall oder Absicht – nach dem Muster der Unterwelt in Geselligkeits-, Spar-, Sport- und Wandervereinen. Auch die Namen schienen dem Ringvereinsregister entlehnt: Gut Holz, Hohe Welle, Pinkepinke, Alle Neune, Zur schönen Eiche, Wandervogel 1927 oder auch Zum ruhigen See.

Die plötzliche Flut von Vereinsgründungen in ihrer Nachbarschaft alarmierte die Ganoven-Zunft. Die Reviere wurden verstärkt überwacht, Vorkehrungen zur Niederschlagung einer möglicherweise auftretenden Konkurrenz getroffen. Bald aber kam man dahinter, wes Geistes Kind die frischgebackenen Kegelbrüder und Wandervögel waren, und ging zur Tagesordnung über.

In dieser Tagesordnung der Berliner Unterwelt trat mehr und mehr ein regelrechter Bandenkrieg in den Vordergrund. Er erreichte im Herbst und Winter 1932 seinen Höhepunkt und zog sich bis Anfang 1933 hin. In dieser letzten Phase ihrer Existenz brachen die Ringvereine mit der bis dato gültigen Maxime: „Wirksam handeln – aber ohne Aufsehen". Nicht nur Rattenvereine und ringfreie Gangs fielen übereinander her. Auch bei den Großen Zehn schien man sich nicht mehr an die einst hoch und heilig beschworenen Ideale gegenseitiger Hilfe, Unterstützung, Kameradschaft zu erinnern. Schlägereien, Messerstechereien, Feuerüberfälle von Unterweltlern waren gang und gäbe geworden.

So stürmt am 30. September 1932 eine Gruppe Bewaffneter im Berliner Norden eine Kneipe in der Schulstraße. Sie ist seit kurzem als Verkehrslokal ringfreier Ganoven bekannt. Beim Eindringen des Rollkommandos, das blindlings das Feuer eröffnet, bringen sich mehrere Anwesende durch den Hinterausgang in Sicherheit. Der Wirt und ein unbeteiligter Gast brechen getroffen zusammen. So schnell wie sie aufgetaucht sind, verschwinden die Banditen mit zwei Taxis, die vor dem Lokal warteten. Der Polizei gelingt es, deren Fahrer ausfindig zu machen. Die Spur führt zu einem Verkehrslokal der Immertreuen. Doch nachzuweisen ist denen der Überfall natürlich nicht.

Der Name Immertreu taucht nun immer häufiger im Polizeibericht auf. Es ist, als ahnten Muskel-Adolfs Kumpane kommendes Unheil. Als wollten sie mit einem Aufbäumen noch einmal ihre ganze Macht demonstrieren. Zusammengeschlagene und angeschossene Rivalen bleiben auf der Strecke. Ein Dutzend Kneipen und Läden geht zu Bruch.

Dazu hat sich – unerwartet für die Ringvereine – politische Brisanz eingestellt: Es kommt zu blutigen Prügeleien mit der SA. Die Goebbels-Ganoven haben sich daran gemacht, traditionelle Arbeiterkneipen zu okkupieren und diese in Sturmlokale und Stützpunkte zu verwandeln. Angriffsziel sind auch Vereins- und Verkehrslokale der Unterwelt. Ein Kampf bis aufs Messer entbrennt. Es geht um die nackte Existenz der Ringvereine.

Nach der nächtlichen Schießerei vom 21. Dezember 1932 in der Kurzen Straße, bei der Immertreu-Chef Muskel-Adolf und zwei andere Vereins-Obere ihr Teil abbekamen, greift die Polizei durch. In einer bis zur letzten Minute als Geheimsache behandelten Großrazzia, werden dreißig der berüchtigtsten Unterwelt-Kneipen im Scheunenviertel und rund um den Alexanderplatz durchkämmt. Doch trotz aller Geheimhaltung sind die Immertreuen aus ihrem Vereinslokal in der Andreasstraße rechtzeitig getürmt.

Mehr Glück hat das Polizei- und Kripoaufgebot in der Rosenthaler Straße. Erwischt werden dort sechzig Ganoven der ebenfalls an dem Bandenkrieg beteiligten Ringvereine Centrum und Treue

Brüder. Der Fang beschert den Fahndern ein Trostpflaster für das Fiasko bei Immertreu. Unter den Verhafteten in der Rosenthaler Straße befindet sich Russen-Leo, ein mehrfach vorbestrafter Ein- und Ausbrecher, der steckbrieflich gesucht wird.

Ansonsten zeigt diese letzte Großaktion der Berliner Polizei vor dem Machtantritt der Nazis keine Wirkung in der Unterwelt. Keine drei Wochen danach, am 10. Januar 1933, liefern sich zwei verfeindete Ringvereine in Charlottenburg, mitten auf der Wilmersdorfer Straße, ein Feuergefecht. Ergebnis: zwei Schwerverletzte. Und wieder können die Täter entkommen.

Der Machtantritt der Nazis am 30. Januar 1933 läßt die „unpolitischen" Ringbrüder kalt. Der Kampf um Reviere und Pfründe wird fortgesetzt. Am 28. Februar, wenige Stunden nach dem Brand des Reichstagsgebäudes, geraten in Friedrichshain, in der Blumenstraße, die Ehrbaren von Immertreu mit den Ratten von Frisch auf aneinander. Der Zusammenstoß nimmt sehr schnell die Dimensionen der Straßenschlacht beim Schlesischen Bahnhof im Dezember 1928 an. Fast zweihundert Ring-Ganoven schlagen aufeinander ein. Messer blitzen, Schüsse fallen. In dem erbitterten Handgemenge Mann gegen Mann, schießt der fünfunddreißigjährige Hundehändler Erich Semmering (Frisch auf) den Immertreuen Hans Saß nieder. Der zweiunddreißigjährige Bierfahrer aus der Kleinen Markusstraße stirbt im Krankenhaus. Er ist das letzte Opfer in der letzten Schlacht, die Immertreu geschlagen hat.

Großrazzia an der Münze

Das unausweichliche Aus für die Ringvereine steht vor der Tür. Seit dem 30. Januar 1933 sind die Nationalsozialisten an der Macht. Von nun an beherrschen andere Verbrecher die Straße. Brutaler und schrecklicher als die Ringbrüder. In der Art und Weise, die Hitler seit Jahren angedroht hat: „Köpfe werden rollen"!

Am 22. Februar 1933 hat der neue preußische Innenminister Hermann Göring die SA- und SS-Banden zur Hilfspolizei erklärt. Die durchkämmt nun mit vorbereiteten Schwarzen Listen systematisch den Norden und Osten Berlins, Straße für Straße, Haus für Haus. Unterstützt von den sehr schnell gleichgeschalteten (oder sich selbst gleichschaltenden) Behörden, insbesondere der Polizei.

Einen ersten Höhepunkt erreicht die Terrorwelle nach dem Brand des Reichstags in der Nacht vom 27. zum 28. Februar. Verhaftet werden nicht nur Hunderte von Funktionären der KPD, SPD und der Gewerkschaften. Dasselbe Los ereilt Vorstände und Mitglieder der Ringvereine. Unpolitische und Politische werden in die Sturmlokale und Kasernen der Hilfspolizisten verschleppt, dort geprügelt, gefoltert, viele auch ermordet. In Berlin gibt es alsbald mehr als fünfzig dieser Folterhöllen und sogenannten wilden Konzentrationslager, die keiner staatlichen Kontrolle, sondern ausschließlich der SA und SS unterstehen.

„Von dem Tage an, da Hitler an die Macht gelangte und (sein Reichsinnenminister) Frick samt Göring die Herrschaft über die Polizei besaßen, sahen die SA-Männer ihren Traum verwirklicht. In leerstehenden Lagerhäusern und Fabrikhallen hatten sie überall in Berlin endlich die Macht, nicht nur Gewalttätigkeiten auszuüben, sondern die wesentlich befriedigendere, zu schlagen, ohne daß einer zurückschlug. Man nannte diese Stellen ‚Sammellager'; es waren die Vorläufer jener Stacheldrahtfestungen, die so viele Angehörige der deutschen Nation zu Verbrechern machten" (Otto Friedrich).

In einer offiziösen Darstellung des „Kampfes um Berlin" im Jahre 1937 wurde der Vernichtungsfeldzug gegen jedermann, der nicht in die neue Ordnung paßte, so umschrieben:

„Der Kampf gegen die letzten roten Terrorversuche, die Durchsuchungsaktionen, die Beschlagnahmungen von Waffen und Propagandamaterial dauerten bis in den Sommer 1933 an und waren blutig und schwer."

Auch die gleichgeschalteten Ordnungshüter nehmen – gewissermaßen als Handlanger – an diesem Kampf teil. Eine Razzia jagt die andere. Auch im Scheunenviertel. So berichtet die Nachtausgabe am 19. Mai 1933 unter der fettgedruckten Schlagzeile „Riesen-Razzia der Berliner Polizei gegen das Verbrechertum" auf der Titelseite:

„In den heutigen Vormittagsstunden hat der Berliner Polizeipräsident v. Levetzow einen Schlag gegen das Berliner Verbrechertum ausgeführt. An der Pfandkammer, in der Gegend der sogenannten Münze, wurde eine Riesenrazzia unternommen, bei der ein großes Aufgebot von Kriminalbeamten und Schupos eingesetzt wurde ... Die Razzia be-

Straßenleben in der Münzstraße, 1929

gann Punkt 11 Uhr 15 Minuten. Sie wurde von den Inspektionen II und III des Präsidiums, von der Großen Streife und von der Schupoinspektion Alexander unternommen. Am Schauplatz der Razzia weilten der Polizeipräsident, der stellvertretende Chef der Kriminalpolizei, Regierungsrat von Liebermann und Kriminalrat Trettin (der Ringverein-Experte, der beim 10. Stiftungsfest der Immertreuen von sich reden machte – d. A.). Wie verlautet, sind bisher schon über 600 Sistierungen vorgenommen worden.

Bisher hat eine Unzahl von Verbrechern und Betrügern in der Nähe der Pfandkammer in der Neuen Schönhauser Straße ihr Unwesen getrieben. Die Pfandkammer selbst ist ein großer Gebäudekomplex . . . Ein Ausgang befindet sich in der Nähe der Neuen Schönhauser, der andere in

Schlagzeile über die Razzia der Nazipolizei im Mai 1933

der Dircksenstraße. Schon in aller Frühe hatten sich zahlreiche Kriminalbeamte dort eingefunden, die – um untereinander kenntlich zu sein – gelbe Nadeln an den Rockspitzen trugen. Als die großen Polizeiautos eintrafen, flüchtete die Menschenmenge durch die einzelnen Straßen und auch durch die Pfandkammer hindurch zur Dircksenstraße hinüber.

Die zahlreichen Verbrecher, die sich darunter befanden, hatten wohl damit gerechnet, auf diesem Wege entkommen zu können. Aber in der Dircksenstraße standen schon große Polizeikordons, die die Menge gleich in Empfang nahmen. Die Leute wurden zu Trupps von 100 bis 150 Personen zusammengedrückt. Schupos stellten sich rundherum und bildeten eine große Kette. Unterwegs hatten sich inzwischen wüste Szenen abge-

169

spielt. In den verschiedensten Straßenzügen der ‚Münze‘, in der Dragoner-, der Grenadier-, der Schönhauser Straße, hatten zahlreiche Personen auf der Flucht ganze Pakete von gestohlenen Sachen fortgeworfen ...

Bald danach rollte Auto auf Auto ins Polizeipräsidium. Auf den Wagen befanden sich die zahlreichen sistierten Personen. In der Polizeizentrale selber war schon alles aufs Genaueste vorbereitet worden, um die Leute gleich in Empfang zu nehmen, alles durchzuprüfen und sie dem Erkennungsdienst zuzuführen. Wie sich herausstellte, hat man bei der Aktion eine ganze Anzahl gesuchter Verbrecher gefaßt. Es wird noch mehrerer Stunden bedürfen, um alles nachzuprüfen. Zu den auf der Straße gefundenen Gegenständen gehörten z. B. Fahrräder, Radteile, Jacketts, Brieftaschen, Pfandscheine usw., die von den Sistierten fortgeworfen worden waren. Ganz nebenbei lief noch eine Aktion der Kriminalpolizei, die der Aufstöberung verschiedener Hehlernester galt. In mehreren Cafés wurden Polizeikontrollen vorgenommen und eine ganze Anzahl von Personen verhaftet.“

Diese Zeitungsausgabe enthält einen Bericht über eine Großkundgebung der Berliner Polizei in der von allen Parteien genutzten Tagungsstätte Neue Welt in der Neuköllner Hasenheide am Vorabend der Scheunenviertel-Großrazzia. Auf der Veranstaltung, der höhere Staats- und Polizeibeamte beiwohnten, führte der Hauptredner des Abends, ein Oberstleutnant a. D. Ahlemann, Mitglied des Preußischen Landtages, unter anderem aus, daß „die Nationalsozialisten als Träger der neuen Staatsgewalt nun denen, die in den letzten Jahren falschen Ideen nachgegangen" seien, „die Hand reichen könnten". Die neue Zeit verlange von den Beamten „Manneszucht, Opferbereitschaft, unverbrüchliches Draufgängertum". Sie brauche „vor allem einen Führer". Der Bericht endet mit dem bezeichnenden Hinweis: „Nach dem Sieg-Heil auf den Volkskanzler Hitler wurde die Kundgebung mit dem Deutschlandlied und dem Horst-Wessel-Lied geschlossen."

Die Ringvereine waren zu diesem Zeitpunkt schon verboten. Sie fielen unter die Notverordnung „Zum Schutz von Volk und Staat", die der vergreiste Reichspräsident Paul von Hindenburg einen Tag nach dem Reichstagsbrand, am 28. Februar, erlassen hatte. Damit wurden wesentliche Grundrechte der Weimarer Verfassung von 1919 außer Kraft gesetzt: Presse-, Vereins- und Versammlungsfreiheit, Postgeheimnis, Unverletzlichkeit von Wohnung und Eigentum. Für Taten, die als aktiver Widerstand gegen die Verordnung auszulegen waren, drohte die Todesstrafe.

Nicht nur höhere Polizeidienstgrade wollten gern vergessen machen, daß man im Polizeipräsidium die Ringbrüder geduldet und respektiert hatte. Auch ihre Ehrenmitglieder und prominenten Felicita-Gäste verleugneten jede Bekanntschaft.

Das „Gesetz gegen gefährliche Gewohnheitsverbrecher und über die Maßregelung der Sicherungsverwahrung" wurde zwar erst am 24. November 1933 erlassen und trat ab 1. Januar folgenden Jahres in Kraft. Doch inzwischen hatten die Ordnungshüter im Braunhemd auf ihre Weise schon ganze Arbeit geleistet.

Im Fall der Ringvereine wurde nach dem Grundsatz verfahren: Wer länger als ein Jahr Mitglied war, kommt ohne viel Federlesen in Sicherungsverwahrung oder wird ins Konzentrationslager gesteckt. Die Maßnahme der Sicherungsverwahrung, die über gerichtliche Strafe hinaus zeitlich unbegrenzten Freiheitsentzug ermöglichte, trafen die Nazis vornehmlich auch gegen politische Gegner. Sie sollten auf diese infame Weise mit – laut Amtsdeutsch – „gefährlichen Hangtätern" auf eine Stufe gestellt werden. Und waren jenen im Lageralltag oft genug ausgeliefert ...

„Wer ein Krimineller war, stand zumindest für die Gestapo ebenfalls fest", beschreibt der Politwissenschaftler Professor Eugen Kogon (1903–1987) in seinem Zeitdokument „Der SS-Staat", die dort herrschenden Verhältnisse. „Sie unterscheidet zwischen BV-Häftlingen, die wegen krimineller Taten mehrere Strafen verbüßt hatten, und SV-Häftlingen, die sich noch in Strafhaft befanden (und die eigentlich in ein Justizlager gehört hätten). Die ersten nannte sie ‚Befristete Vorbeugungshäftlinge' (BV), woraus unter Verwendung der gleichen Anfangsbuchstaben, die Bezeichnung ‚Berufsverbrecher' geworden ist. Die zweiten hießen ‚Sicherungsverwahrte' (SV). Beide wurden vom RKPA (Reichskriminalpolizei-Amt – d. A.) und seinen Leitstellen in ganz Deutschland der Gestapo überantwortet ...

Der überwiegende Teil der BV- und SV-Häftlinge bestand aus üblen, zum Teil übelsten Elementen, die in manchen Lagern zeitweise, in anderen stets eine beherrschende Stellung innehatten und sie gegen die übrigen Gefangenen schwer mißbraucht haben. Zwischen ihnen und den Politischen hat sich ein beständiger, teils offener, teils unterirdischer Machtkampf abgespielt, der je nach Zeit und Umständen zu sehr verschiedenen Ergebnissen geführt hat. Es gab SS-Führer, die entweder ausschließlich oder mit Vorliebe die Kriminellen zur Mitarbeit heranzogen – übrigens immer nur die BVer, nie die SVer – und ihnen die wichtigsten Lagerfunktionen übertrugen. Auch an Spitzeln haben die Kriminellen die größte Anzahl gestellt, schließlich sind sie, als nach Stalingrad in der deutschen Armee Not am Mann war, der Auszeichnung teilhaftig geworden, haufenweise in die SS-Verbände eingegliedert zu werden! Vom Rest haben nicht allzu viele das Lager lebend verlassen."

In diese von der Gestapo diktierten KZ-Hierarchie waren Ringverein-Ganoven als BV-Häftlinge eingereiht. Doch auch hier gab es – zweifellos unbeabsichtigt – eine Trennung zwischen Ehrenwerten und Ratten: Zuhälter wurden als Asoziale eingestuft.

Muskel-Adolfs Tod

Im Scheunenviertel, am Schlesischen Bahnhof – überall, ging seit 1933 die Furcht auch in der Unterwelt um. Die Organisation der Ringvereine war zerschlagen. In den ehemaligen Vereins- und Verkehrslokalen lauerten Spitzel und Denunzianten. Auf – wie es damals hieß – illegale Zusammenrottungen standen schwere Strafen.

Dennoch kamen nach dem Verbot immer wieder ehemalige Bruderherzen zusammen. An wechselnden Orten zu Stammtischrunden. In aller Heimlichkeit. Aber selbst die größte Vorsicht schützte so manche nicht vor der Entdeckung.

Man schreibt den 23. Februar 1934. In einer Wohnung am Rosenthaler Tor tagt eine Stammtischrunde des verbotenen Ringvereins Heimatklänge. Einzeln sind die achtzehn Männer gekommen, einige über den Hinterhof. Erinnerungen werden ausgetauscht, auch Erfahrungen mit der sie verfolgenden Obrigkeit. Namen von Verschüttgegangenen fallen. Dem Vereinsritual entsprechend, wolle man das heimliche Treffen beschließen, entscheidet der Vorsitzende der Runde. Die achtzehn Männer erheben sich, schließen mit den Händen einen Ring und stimmen gedämpft ihr Lied an. „Wir bleiben die alten . . .“

In diesem Augenblick splittert die Wohnungstür unter Kolbenstößen. Polizisten dringen ein, überwältigen die Ringbrüder, führen sie ab. Anderntags eine Notiz in der Presse über die „Aushebung eines Verbrechernestes“ mit dem Fazit: „Sicherungsverwahrung wahrscheinlich“.

Es ist die letzte überlieferte Nachricht vom Überlebensversuch der Ringvereine im Untergrund des Tausendjährigen Reiches. Nur wenige retteten sich über dessen Ende. Die meisten Bruderherzen endeten wie Ali Höhler, der Gentleman-Einbrecher Karl Friedrich Bernotat und die Schränker-Asse Franz und Erich Saß: „Auf der Flucht erschossen" oder auf andere Weise umgebracht. Muskel-Adolf, Gründer und ungekrönter König der Immertreuen, starb im Konzentrationslager, wo auch Walter Gutgesell von Felsenfest erschlagen wurde. Die Spur eines Frankfurter-Toni von Deutsche Kraft 1895, verlor sich nach der Verhaftung durch die SS.

„Die kleinen, unpolitischen Gauner im großen Berlin gab es nicht mehr", schließt Werner W. Malzachers Report über die Unterwelt zwischen 1918 und 1933. Selbst bei kleinsten Rückfällen mit Strafen bedroht, die vom Konzentrationslager bis zum Strang reichen konnten, passten sich die in Freiheit gebliebenen der Volksgemeinschaft an, in der politisches Verbrechertum den Ton angab.

Fehlstart der Ehemaligen

Sommer 1949. Aus dem Gefängnistor in Berlin-Tegel tritt ein junger Mann und wirft unsichere Blicke um sich. Er ist wieder frei. Was ihn in diesem Augenblick bewegt, wird er einmal vor Gericht so wiedergeben: „Drei Jahre Tegel hatte ich hinter mir, als ich 1949 auf der Straße stand. Wie ein kleines Kind, das die Mutter verloren hat."

Der junge Mann heißt Gerhard Hirschfeld, ist vom Jahrgang 1921, Sohn eines Fuhrunternehmers aus Prenzlauer Berg, mehrfach vorbestraft. Er macht sich auf, ins frühere Leben zurückzukehren. Nach Kreuzberg, wo er seit dem fünften Lebensjahr zu Hause ist. Die Lehr- und Gesellenjahre eines Ganoven liegen hinter ihm. Nun will er Anschluß an die Großen der Zunft suchen. In der Tradition jener legendären Ringvereine, von denen er in Tegel hatte schwärmen hören.

„Berlins Gauner warteten auf das Ende des herrschenden Regimes. Dann tauchten die Überlebenden sehr rasch wieder auf. Und die Art, wie sie sich bemerkbar machten, wies manche Ähnlichkeit auf mit dem Beginn nach dem ersten Weltkrieg" (Malzacher).

Eine Handvoll Ehemaliger versucht gerade, dieser Tradition nachzueifern. 1948 hatten Zuhälter in Braunschweig den Kegelklub Goldene 9 und den Geselligkeitsverein Unter uns aufgezogen. Lockere Verbindungen einstiger Ringvereinler gab es um diese Zeit auch in Düsseldorf, Essen und Frankfurt am Main. In Berlin, dem einstigen Zentrum der Unterweltvereine, fassen sie festeren Fuß. Nicht mehr im Scheunenviertel und beim Schlesischen Bahnhof, der nun Ostbahnhof heißt. Im Sowjetischen Sektor ist dafür der Boden zu heiß und seit der Währungstrennung in Ost- und Westmark nicht mehr viel zu holen. Die neuen Reviere liegen im Britischen und im Amerikanischen Sektor.

Im Oktober 1949 schließen sich in Schöneberg einstige Bruderherzen zum Spar- und Lotterieverein West zusammen. Gründer und Vorstand sind hartgesottene Aktive mit langjähriger Branchenpraxis: Werner Flohr (Libelle), Hanne Günter (Glaube, Liebe, Hoffnung 1890), Gustav Schneider, genannt der Blasse (Deutsche Kraft 1895) und Pappschere (Louisenstadt). Das Berufsbild der Mitgliedschaft: Gastwirte, Kellner, Zuhälter, professionelle Betrüger, Hehler und Spieler.

Im Sinne der Ringvereine Libelle, Deutsche Kraft 1895 und Königstadt 1889 sollen offiziell Sparfreudigkeit und Vergnügen gepflegt und ein gemeinsames Lotterielos gespielt werden. Dem angemessen sind die Satzungen, gegründet auf den Prinzipien „Treue, Ehre, Zuverlässigkeit und Kameradschaft". Wie dazumal sollen die Vereinsfinanzen „zur Förderung der Mitglieder in ihrer beruflichen Tätigkeit und zur Beschaffung von Berufskleidung oder zur Unterstützung bei Be-

177

dürftigkeit oder Notlage" Verwendung finden. Neu, aber durchaus ernsthaft gemeint ist das Postulat für Festivitäten: „Oberstes Ziel ist die Weihnachtsgans". Zeitgemäß der Passus: "Die Aufnahme frührerer NSDAP-Mitglieder richtet sich nach den jeweiligen gesetzlichen Bestimmungen".

Derart friedlich und demokratisch für die Außenwelt gerüstet, läßt sich der erste Berliner Ringverein der Nachkriegszeit amtlich registrieren. Er wurde dann aber nicht, wie auch die nachfolgenden, ins Vereinsregister eingetragen.

Bald danach verlegen die Westler ihr Vereinslokal in die Gneisenaustraße. Das im Krieg fast zur Hälfte zerstörte Kreuzberg bietet mit Ruinen und Mietskasernenvierteln bessere Schlupfwinkel. In Schöneberg, das nach der Spaltung Berlins zum Regierungs- und Parlamentssitz aufrückt, wimmelt es zu sehr von Ordnungshütern.

Auch die City um den Bahnhof Zoo eignet sich als neues Betätigungsfeld. Dort beziehen die West-Brüder Vorposten in Nachtlokalen wie dem „ok" oder dem Nürnberger Trichter. Ihr oberstes Ziel hat nur insofern etwas mit der Weihnachtsgans zu tun, als auch andere gerupft werden: die Besitzer von Bordellen, Bars, Tanzlokalen und Spielklubs, Strichmädchen und Strichjungen. Mit den probaten Mitteln der Rattenvereine.

Einem französischen Unterwelt-Experten schwebte damals vor: „Der Zuhälter von heute ist ein gutgekleideter Geschäftsmann von smarten Umgangsformen, der sein Export-Import-Kontor betreibt und die Reize seines Damenstabes sehr oft zugunsten seiner Geschäfte einsetzt."

Doch Kreuzberg ist nicht Paris. In Berlin, wo nach fünf Kriegsjahren der Nachholbedarf an Amüsement nicht geringer ist als in den zwanziger Jahren. Mit einem überschäumenden Nachtleben, das durchaus der seinerzeitigen Feststellung des Schriftsteller Klaus Mann (1906–1949) entspricht: „Junge, Junge, sowas hat die Welt noch nicht gesehen! Früher hatten wir mal eine prima Armee; jetzt haben wir prima Perversitäten."

Das Amüsierkarussell dreht sich 24 Stunden lang. Es gibt keine Sperrstunde an der Spree. Dirnen, Strichjungen und Ganoven haben Hochkonjunktur. Sie geben Anlaß für eine abfällige Korrespondenz der amerikanischen Nachrichtenagentur UPI aus der „Frontstadt des Kalten Krieges" zwischen Ost und West: „Rund 170 üble Bars und Kaschemmen haben Westberlin den Ruf gebracht, das schmutzigste Nachtleben Mitteleuropas zu haben, und daran wird sich vermutlich so bald nichts ändern."

In diese Welt der Laster und Lüste taucht nun der entlassene Häftling Gerhard Hirschfeld ein. In Kreuzberg findet er alte Freunde. Kurz nach Kriegsende hatte er in der Wiener Straße die Ruine eines Lokals ausgebaut. In seinem Wiener Café war er mit Gästen aus der früheren Ringvereins-Szene in Berührung gekommen, die ihn mit der Branche bekanntmachten. Nun sind sie im Sparverein West wieder aktiv. Hirschfeld findet ein offenes Ohr, als er seine Idee entwickelt, das Revier brüderlich zu teilen. Ihm würde Kreuzberg, der Südosten, genügen.

Eine Herrenpartie der Bündnispartner, bei der es „so gemütlich zuging", gibt dem unterneh-

Gerhard Hirschfeld mit Vereinsutensilien

mungslustigen Neugründer den letzten Anstoß:
Am 17. Mai 1951, seinem 30. Geburtstag, hebt er
mit acht Ex-Zuchthäuslern (die zusammengerech-
net „50 Jemmchen abgerissen" haben) einen Spar-

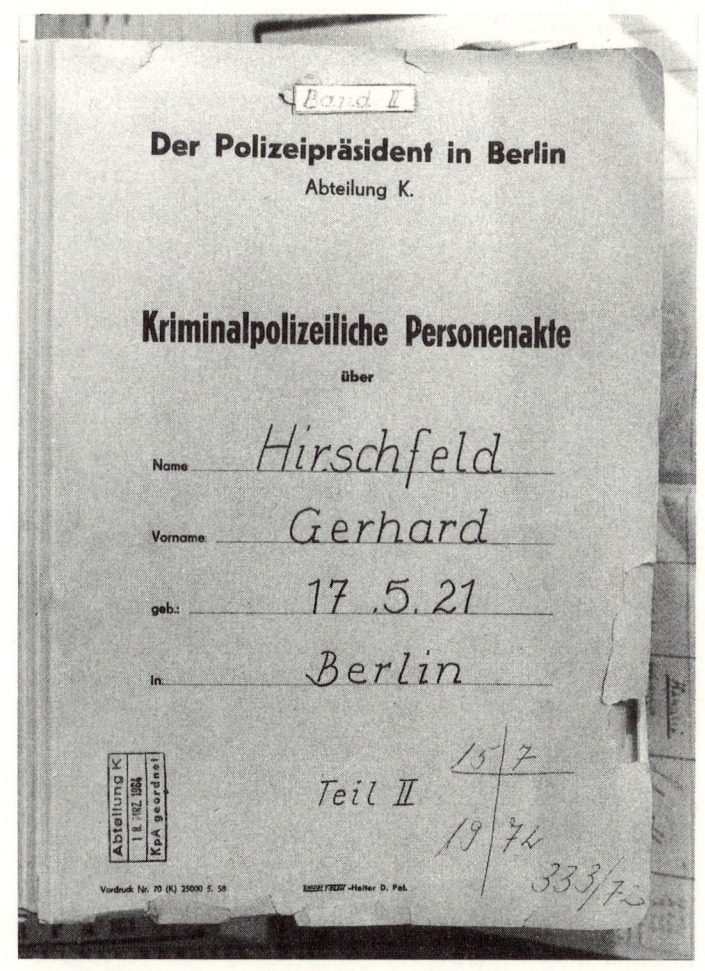

Polizeiakte des Neugründers der Ringvereine

und Lotterieverein aus der Taufe. Südost soll er heißen. Zeugen des feucht-fröhlichen Gründungsaktes sind Ringbrüder alten Schlages und Paten von West.

181

Wortgewandt würdigt Hirschfeld die „große Brüderlichkeit" und die „beispielhaften Vergnügen" der Immertreuen und anderer Vorbilder. In deren Geist werde der neue Verein stets handeln. Unter Beifall trägt er die Satzungen vor. Bis auf den Vereinsnamen stimmen sie mit denen der Paten überein. Und zwar wörtlich: Hirschfeld erwarb den Text für 25 DM von einem ehemaligen West-Bruder. Dann tritt er ins zweite Glied zurück und läßt den Altgedienten der Jahrgänge um 1903 die Vorhand in der Vereinsführung. Er zieht bis auf weiteres die Drähte aus den Kulissen.

In der Westberliner Kriminellen-Szene macht die Gründung eines zweiten Ringvereins schnell die Runde. Südost erhält Zulauf von Ganoven, die „mit der Brechstange verwandt" sind. Beim Ringverein West gilt nach wie vor die Regel, die Mitgliederzahl auf höchstens 25 zu begrenzen, um eine Zersplitterung zu vermeiden. Hirschfeld fühlt sich stark genug, eine größere Streitmacht im Zaum zu halten. Unter Südosts blau-weißem Zaucherbanner – eine Nachbildung der einstigen Vereinsfahne der Pferdehändler, im Jargon Zaucher – versammeln sich nach und nach siebzig Bruderherzen. Siebzig Prozent davon sind Vorbestrafte: Tresorknacker, Einbrecher, Straßenräuber, Diebe, Erpresser.

Hirschfelds schwere Jungens setzen sich binnen kurzem in einem Dutzend Kneipen zwischen Lausitzer Platz und Kottbusser Tor fest. Von hier aus besorgen sie die Geschäfte des Vereins: Kontrolle der Gastwirte durch Einsetzen von Geschäftsführern und Kellner, Eintreibung von Schutzge-

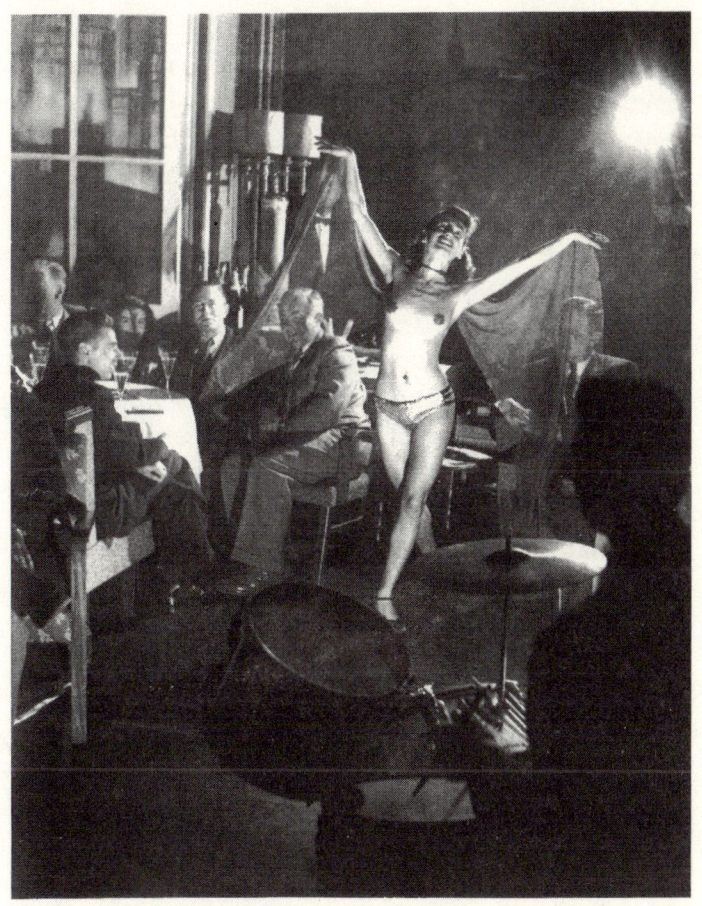

In der Nachkriegszeit blühte das Amüsiergewerbe neu auf

bühren, Kontrolle des Straßenstrichs. Gegebenenfalls mit Nachhilfe. Zu ihrem Wirkungskreis gehören zeitweise auch Kunden in Neukölln und Tempelhof. Die von Hirschfeld persönlich zusammengestellten Rollkommandos bestehen aus professionellen Schlägern, die jede Gelegenheit nutzen, dem Verein Respekt zu verschaffen. Nach der Devise: Aufräumen und Rausschmeißen.

Das geschieht erstmals in größerem Rahmen im Herbst des Gründungsjahres. Hirschfeld kommt zu Ohren, daß „irgendwelche Spinner" in Kreuzberg die Gründung eines Geselligkeitsvereins mit dem Namen Hand in Hand vorbereiten. In der Gaststätte Holland, Görlitzer Straße. In sieben Taxis fährt das Rollkommando vor. Geführt von Hirschfeld, platzen mehr als zwanzig Kerle in das Lokal, umringen drohend den Tisch, an dem das Häuflein Vereinsgründer beratschlagt. Einige wollen aufspringen. Derbe Fäuste und Püffe nötigen sie zum Sitzenbleiben.

Der Südost-Vizeboß – ein Allerweltstyp mit der Aalglätte und Beredtsamkeit eines Scharlatans – ergreift höflich, aber unmißverständlich, das Wort. „Meine Herren, wir bedauern, Ihre Runde zu stören. Aber meine Freunde hier sind sehr aufgebracht. Sie haben gehört, daß Sie einen Vergnügungsverein gründen wollen. Das ist Ihr gutes Recht. Nur leider gibt es schon einen solchen Verein in dieser Gegend – unseren Verein Südost! Und wir möchten Sie deshalb dringend bitten, darauf zu verzichten . . . Denn, wie gesagt, meine Freunde sind sehr verärgert. Wir möchten Ihnen vorschlagen, unserem Verein beizutreten. Das erspart Ihnen Mühe und Unannehmlichkeiten." Argumente, denen sich die Eingeschüchterten ohne weitere Erörterung beugen.

Andere Konkurrenz erledigte sich von selbst. Am 2. Januar 1952 hatten vormalige Ringbrüder mit jüngeren Interessenten in der Reichenberger Straße und Umgebung den Vergnügungs- und Sparverein mit dem Traditionsnamen Louisenstadt angesiedelt. Doch schon wenige Wochen später, am 14. März, teilt der Vorstand den Behörden mit: „Obwohl unser Verein mit Gangstermethoden und Erpressung von Gastwirten nichts zu tun hatte, wir aber nicht wissen, was sich in den Ihnen bekannten Sparvereinen noch abspielen wird, lösen wir uns auf." Vorausgegangen war ein schwerer Raubüberfall, an dem sich Vereinsmitglieder beteiligt hatten. Initiatoren und Tipgeber konnten nur vermutet werden: Auch so schaffte sich der Platzhirsch unerwünschte Konkurrenten vom Halse.

Mit dem dritten Ganovenbund kam man sich nicht ins Gehege. Der im November 1954 entstandene Lottoverein Nord hatte sein Domizil in der Gronauer Straße, in Wedding, aufgeschlagen. Das war eine zwölfköpfige Bande, die durch wüste Schlägereien von sich reden machte. Der Totschlag eines Zollbeamten am 28. Juli 1955 beendete das Dasein des Raufbold-Vereins.

Von den vier Nachkriegs-Ringvereinen Westberlins blieben schließlich nur zwei übrig. Südost dominierte dank zahlenmäßiger Überlegenheit und Schlagkraft. Der Bruch mit den Paten von West wurde im Oktober 1954 herbeigeführt, zu einem Zeitpunkt, da Hirschfeld längst die Vereinsführung an sich gerissen hat.

Hirschfeld selbst nennt sich gern König der Unterwelt. Ein 35 Gramm schwerer goldener Siegelring am linken Zeigefinger ist ihm Rangabzeichen und Waffe: „Um anderen die Fresse zu polieren!" Noch bevor er um Weihnachten 1953 Vereinschef wird, regiert er mit Fußtritten für betrunkene Bruderherzen und Prügel für Kritiker und Ungehorsame. Seine einstigen Lehrmeister aus den Vorkriegs-Vereinen, die solchen Führungsstil mißbilligten, nennt er alte Muselmänner, die jetzt die Schnauze halten sollten.

Außer dem scharfkantigen Siegelring benutzt der rabiate Oberganove bisweilen eine andere Waffe. Die bekam zum Beispiel Willy Berger, Spitzname Brillanten-Willy, zu spüren. Der war vor 1933 Mitglied des drittklassigen Ringvereins Harmlose 13 gewesen. Im Sommer 1951 bittet ihn ein dänischer Reporter um Unterlagen für eine Bildreportage aus jener Zeit. Brillanten-Willy, inzwischen Barbesitzer in der Charlottenburger Uhlandstraße, händigt ihm zwei Fotos vom Vereinsleben in den zwanziger Jahren aus.

Drei Monate später erhält Brillanten-Willy Anrufe von ihm unbekannten Mitgliedern des Sparvereins West. Die Münchner Illustrierte hatte eine Reportage über eine sportliche Begegnung zwischen West und Südost veröffentlicht und mit den beiden Fotos illustriert. Er solle sich dafür bei ihnen glatt legen, also zahlen. Das tut der Barbesitzer nicht. Er will „mit den Brüdern nichts mehr zu tun haben".

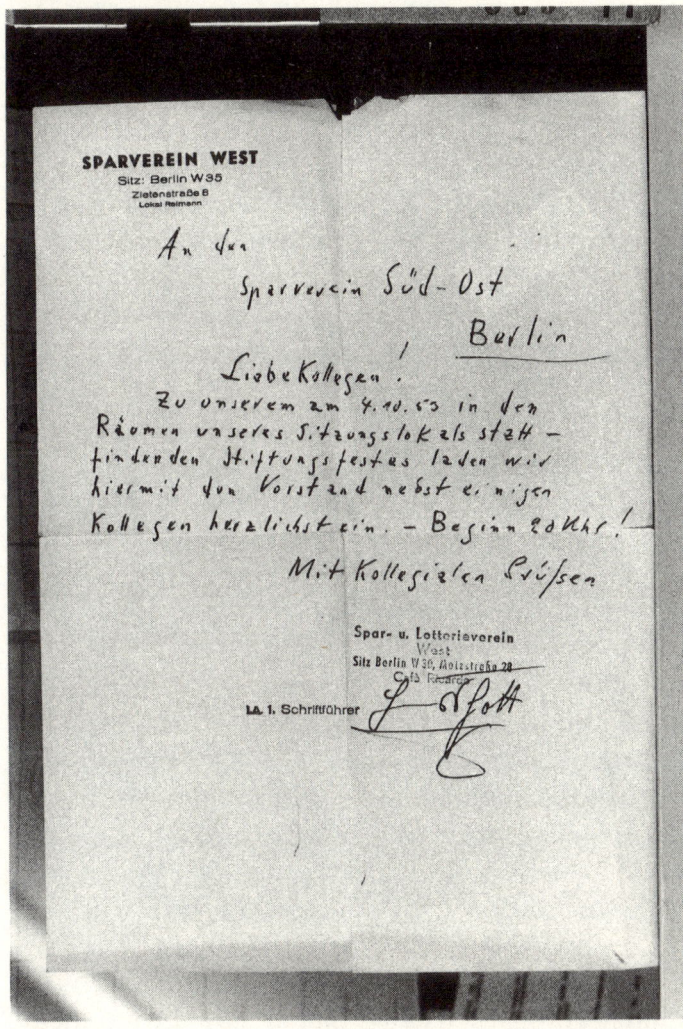

Einladung zur geselligen Zusammenkunft der neuen Ga-
noven

Aber sie mit ihm!

Am Abend des 30. Oktober 1951 macht Brillanten-Willy wie gewohnt einen Kontrollgang um sein Lokal. Es ist kurz vor 23 Uhr. Kein Mensch weit und breit. Da brechen aus dem Häuserschatten fünf Gestalten. Das Rollkommando von West. Dabei ist auch Hirschfeld „zwecks kameradschaftlicher Unterstützung".

Mit einem Mauerstein, einem beliebten Züchtigungsmittel des Königs der Unterwelt, wird Brillanten-Willy niedergeschlagen. Ob er danach zahlte, ist nicht bekannt. Vorsorglich hält er dicht. Und als im späteren Prozeß der Überfall zur Sprache kommt, erklärt der Südost-Boß ohne mit der Wimper zu zucken, Brillanten-Willy sollte nur „eine anständige Tracht Prügel beziehen, weil er sich nicht glatt legen wollte . . ."

Um Ideen, an Geld zu kommen, ist der Boß nie verlegen. Über dunkle Kanäle bezieht er Blanko-Pässe, die er pro Stück für 200 DM umsetzt. Eine Lottogesellschaft Fortuna verscherbelt für ihn Horoskope an unbedarfte Lottospieler. Bei Versicherungen kassiert er Provisionen für die Aufnahme von Südostlern. Den jeweiligen Monatsbeitrag von 3 DM führt Hirschfeld dann nur ein einziges Mal ab. In dieser Hinsicht durchaus ein zweiter Franz Biberkopf: „Von Arbeiten is noch keen Mensch reich geworden . . . Nur vom Schwindeln . . ."

Der König ist ein Freund großer Geselligkeit. Im Vereinslokal Muskauer Straße, später Manteuffelstraße 47, feiern die Felicitas fröhliche Auferstehung, wenn auch in bescheidenerem

Das Zaucherbanner des wiederbelebten Ringvereins Südost

Rahmen: in Form von Stiftungsfesten, Masken- und Lumpenbällen. Mit Einladungen und Ehren- karten, gerichtet an Spender und – Polizeireviere. Es steigen Herrenpartien und Dampferfahrten, finanziert von erpreßten Spenden, und in der Blütezeit ihrer Partnerschaft sogar ein Fuß- ballmatch West gegen Südost; ausgetragen in aller Öffentlichkeit am 1. September 1951 auf

dem Sportplatz innerhalb der Kaserne Wrangel-
straße.

Hirschfeld, der sich später vor Gericht selber „be-
redte Intelligenz und Größenwahn" bescheinigt,
denkt zeitweise auch an eine Erweiterung seines
Königreiches über die Berliner Grenzen hinaus.
Südost unterhält Verbindung zu den Braunschwei-
ger Luden-Vereinen. Man tauscht Delegierte und
Abordnungen mit Ehrengeschenken aus. Auf sogenannten Gipfelkonferenzen wird versucht, die Unterweltvereine nach Art der früheren Ringe überre-
gional zusammenzuschließen. Doch die mit
bruderherzlicher Etikette feierlich eröffneten Gipfelkonferenzen enden nach den Regeln der Freistil-
kämpfe. Beim letzten Treffen hängen an den Noten-
ständern der Musiker vorsorglich Gummiknüppel.

Weitaus gemütlicher verlaufen die Donnerstag-
abende im trauten Kreise der Vereinsbrüder. Ist die
offizielle Tagesordnung abgehakt, wird nach alter
Ringvereinsväter-Sitte getrunken und schwadroniert, daß der blau-weiße Tischwimpel mit dem
Motto „Einigkeit macht stark" nur so wackelt.
Auch spendable Außenstehende sind dann willkommen. Etwa ein Förderer, der die Vereinsbrüder
für seine persönliche Belange in Anspruch nimmt
und ihnen ein selbstverfaßtes Gedicht widmet:

„Wenn ich euch rufe, kommt ihr zu mir.
Heute bin ich bei euch hier.
Ich spendiere diese zwei Flaschen auch,
daß sie bald Wellen schlagen in eurem Bauch.
Ich bitte euch, sagt mir nicht Danke.
Ich warte draußen, Euer Ludwig Panke."

Den Abend beschließt traditionsgemäß das Vereinslied. Den Ehrenwerten von einst hätte es weniger zugesagt:

„O alte Ludenherrlichkeit, wohin bist du entschwunden?
Nie kehrst du wieder, gold'ne Zeit, wo man sich nicht geschunden.
Vergebens schaue ich umher, ich finde keine Tille mehr.
O, Liese, Lottchen, Trude!
Ich bin ein armer Lude . . .“

Die Vergnügungen krönten die Arbeit der Ringbrüder. Doch die Südost-Horde verbreitet zunehmend Schrecken und Furcht in dem bis dahin friedlichen Bezirk.

Als Kuny die freie Liebe predigte

In den ersten Nachkriegsjahren waren die Kreuzberger lediglich durch eine harmlose Sensation in die Schlagzeilen geraten: Jakob Kuny, der „Messias von Kreuzberg“, Begründer der Kunylogie und Großmeister des Illuminatenordens, zog durch Straßen und Säle Westberlins, aller Welt seine Heilslehre verkündend.

„Kunylogie contra Atombombe“, schreit es in dicken Lettern von den Litfaßsäulen. Kunylogie? Was soll das in eine Zeit, in der es auf Abschnitt C 6 der Nährmittelkarte 100 Gramm Hafermehl gibt? Die Leute gehen vorüber und schütteln den Kopf. Sie haben andere Sorgen.

Aber eines Tages lacht dann ganz Berlin: Die Studenten haben den Propheten Kuny und seine Lehre entdeckt. Zu Hunderten strömen sie in seine Versammlungen. Unter dem ohrenbetäubenden Getöse von Kuhglocken, Konservenbüchsen und Bratpfannen reißen sie den verschüchterten kleinen Mann vom Rednerpult und tragen ihn auf den Schultern durch die Straßen. Unter Sprechchören „Kuny zur Uni – ein Lehrstuhl für Kuny!" – „Ein Volk, ein Reich, ein Kuny!" – „Was Bullrichsalz für die Verdauung, ist Kuny für die Weltanschauung!" – „Mit Kuny für die freie Liebe!" Und die Mädchen auf dem Bürgersteig der Augsburger Straße, die Pflasterrehe, fallen begeistert ein: „Alle werden toll verhauen, die uns unseren Kuny klauen!"

Der Kreuzberger Prophet der freien Liebe, der „Liebe, die die Menschheit veredelt", irritiert schließlich die Alliierten. Im Spätsommer 1948 verbietet der britische Stadtkommandant kurzfristig eine Kuny-Kundgebung am Bahnhof Zoo. Das verursacht fast einen Aufstand. Hunderte von Studenten, um ihren Jux gebracht, fordern lautstark die Freilassung ihres Meisters aus der Schutzhaft.

Eine durch Neugierige auf fast fünftausend Personen angewachsene Menge zieht zum Kurfürstendamm. Die Besitzer von Läden und Lokalen lassen schreckerfüllt die Rolläden herunter. Der Verkehr kommt zum Erliegen, als die Demonstration Kuny zum „gleichberechtigten Oberbürgermeister Berlins" wählen und die Umbenennung des Kurfürstendamms in „Kuny-Damm" sowie einen „freien Kuny-Sektor" verlangen.

Da wird auch die deutsche Polizei nervös. Artet der Jux nicht in verbotene Politik aus? Schlagstöcke – marsch ! Es kommt zu turbulenten Szenen. Die Demonstranten durchbrechen immer wieder die dreifache Polizeikette; werden niedergeknüppelt. Beide Seiten melden Verletzte. Erst spät in der Nacht gibt es Ruhe. Kuny aber sitzt weinend auf einem Polizeirevier und versteht die Welt nicht mehr.

Danach wird es still um den Heiterkeitsapostel aus Kreuzberg. Nun haben die Studenten andere Sorgen. Erst sechzehn Jahre später meldet er sich noch einmal zu Wort. Im Hinterzimmer des Lokals Kaiserstein am Mehringdamm. Die Menschheit, die er lehren wollte, „frei, heil und innerlich gesund" zu werden, besteht hier nur aus knapp sechzig Spaßvögeln. Die Funkwagenbesatzung vor dem Lokal braucht nicht einzugreifen. Die Wünsche der heiter gestimmten Kuny-Fans, der Meister solle UNO-Generalsekretär oder Hertha-Trainer oder Senatssprecher werden, finden ebenso wenig Resonanz wie der Vorschlag, Berlin solle Kunygrad heißen.

Jakob Kuny, 1893 in Basel als Sohn eines kinderreichen Küfers geboren, lernte mit 14 Jahren Koch. Seine Ausbildung führte ihn vorübergehend auch nach Deutschland. Nirgendwo hält er es lange aus. Mal prügelt er sich mit Kollegen; serviert Gästen im Menü Hasenpfoten mit Fell umwickelt; schreibt, einen Totenschädel vor sich, im Heizungskeller Kochrezepte; zankt sich mit seinen Chefs darüber, daß er Soßen nach den Kompositionen seines Lieblingsmalers Arnold Böcklin färbt.

Als Zwanzigjähriger schreibt er das erste „große Werk meines Lebens", läßt es auf eigene Kosten drucken und stürzt sich damit so in Schulden, daß der Rat von Basel ihn aus der Stadt weist. Kuny kehrt nach Deutschland zurück, wird zum Militär eingezogen, was ihn als Rekrut zu 57 lyrischen Gedichten inspiriert. Sonstige Heldentaten: „Einmal habe ich auf Drängen meines Unteroffiziers sogar einen Schuß abgegeben, aber die Kugel schlug schon nach zwanzig Metern in den Erdboden."

Anfang 1918 arbeitet der brave Jakob in den beiden berühmtesten Berliner Hotels: im Adlon und im Kaiserhof. In der Freizeit nimmt er Rednerkurse, gründet eine „weltpolitische Zeitschrift" und kommt prompt mit der Justiz in Konflikt, weil er einen Artikel „Das Kapitalverbrechen des Reichspräsidenten Ebert" veröffentlicht. Daneben versucht er – erfolglos – das todsichere Roulette-System auszutüfteln. Nach dem Ende des zweiten Weltkrieges überfällt ihn die Erleuchtung zu seiner Liebeslehre, der Kunylogie. Und niemand hat je erfahren, was sich dahinter verbarg. Ein billiger Jakob, ein tiefgründiges Original oder ein weltfremder Idealist?

Die Kuny-Idylle ist 1949 passé. In der ersten Hälfte der fünfziger Jahre herrscht der Ringverein Südost in Kreuzberg und Neukölln in einem Ausmaß, das dem Vergleich mit den Aktivitäten der früheren Großen Zehn standhält. Die Gewaltakte nehmen zu – mit steigender Dreistigkeit, Rohheit und Brutalität. In der Öffentlichkeit entsteht der

Eindruck, daß die Schläger-Rotten eine Macht geworden sind, die stärker ist als die Polizei.

Das eskalierende Verbrecherunwesen spiegelt sich in der Tagespresse wider. „Fast Nacht für Nacht wütet der Terror in unserer Stadt. Nacht für Nacht machen Schläger und Sittlichkeitsverbrecher die Straßen unsicher. Jeder von uns kann eines Tages ihr Opfer werden", klagt die Zeitung Der Abend. Die Nachtdepesche kommentiert das Ergebnis einer Leserumfrage: „Jeder hatte seine eigenen Gedanken, aber nicht jeder wollte diese Gedanken veröffentlicht sehen. Geschäftsleute fürchteten, Rowdys könnten ihnen daraufhin die Schaufensterscheiben einschlagen. Andere, die in finsteren Gegenden wohnten, hatten Angst, Rowdys würden sie überfallen . . . Viele fürchteten die Verbrecher."

Nach der von Hirschfeld ausgegebenen Parole „Von dem kriegen wir noch Geld, dem hauen wir aufs Maul!" werden Gastwirte erpreßt und Lokale plattgemacht. Das bevorzugte Schutzgebiet liegt vor der Haustür. In der Manteuffel-, Skalitzer-, Kottbusser- und Reichenberger Straße. Operationsbasis der Kassierer und Rollkommandos wird immer häufiger die Derby-Bar, Lausitzer Platz 7/ Ecke Skalitzer Straße. Dort lauert das handverlesene Rollkommando auf Abruf durch einen in Schwierigkeiten geratenen Schützling. Dem Wirt nicht genehme Gäste werden krankenhausreif geprügelt und an die Luft gesetzt. Meist geht dabei Inventar mit zu Bruch, weil die Schutzpatrone sich die Wartezeit bei Molle und Korn vertreiben. Überdies muß der Wirt eine Lage spendieren und

Taxigeld herausrücken, bevor die Raufbolde das Feld räumen. Falls der Wirt die Schnapslage ablehnt, halten sie ihm die Fäuste unter die Nase. Das nennen sie Druck ohne Worte.

Falls erforderlich, mischt der Vereinschef persönlich mit. So am Heiligen Abend 1952, als ihn ein Vereinsbruder mit blauem Auge und blutiger Nase aus dem Bett holt, alarmiert Hirschfeld ein paar seiner Schläger und stellt in der Kneipe, wo sein Kumpan zu Schaden kam, unter dem brennenden Lichterbaum den Weihnachtsfrieden wieder her. Vor Gericht hört sich das später so an: „Wir haben die unbotmäßigen Gäste doch nur in üblicher handgreiflicher Weise zur Rechenschaft gezogen!"

Die ausufernde Gewalt, der die Polizei und die Justiz nur lasch entgegentreten, nehmen sich geltungsbedürftige Jugendliche zum Vorbild. In Kreuzberg, und nicht nur dort, bilden sich nach und nach fast ein Dutzend Banden, die es den Berufsganoven gleichtun möchten.

So spielt sich die Naunyn-Clique als Nachwuchs für Südost auf, unterhält auch Kontakte zu den Großen. Die zwanzig Jung-Ganoven, im Alter zwischen 19 und 24 Jahren, darunter ein Mädchen, begehen Diebstähle, Einbrüche und Roheitsdelikte, bis ihnen Mitte 1956 das Handwerk gelegt wird.

In der Kurfürstendamm-Gegend dirigiert aus der Augsburger Straße der 24jährige Willy Knopf, genannt Zuhälter-König, fünfzehn Luden nebst Bräuten. Die Knopf-Clique ist mit dem einschlägigen Verein West liiert, dessen Arbeitsweise und -methoden kopiert werden: Erpressung und Gewalt gegen Gastwirte, Ausbeutung der Prostituierten. Die Zuhälterbande fliegt 1956 auf, als eine der Bräute, die ihren Beschützer hinter Schloß und Riegel gebracht hat, brutal mißhandelt wird: „Damit du spürst, wie es deinem Liebsten im Knast geht."

Hirschfeld wollte allerdings mit dem Treiben der Jugendbanden „nichts am Hut" gehabt haben, im Gegenteil: Er habe Lokale gerade vor dem Terror der Halbstarken schützen wollen und damit im Sinne von Bezirksbürgermeister Kressmann gehandelt.

Willy Kressmann, der populäre und eigenwillige Verwaltungschef Kreuzbergs von 1949 bis 1962, hatte tatsächlich unkonventionell eingegriffen, als kriminelle Ausschreitungen und Gesetzesverletzungen in seinem Bereich überhand nahmen. Geschädigte und Zeugen sagten nur widerwillig aus, falls sie überhaupt den Mut zu einer Anzeige aufbrachten. Daher konnten bis Mitte der fünfziger Jahre nur verhältnismäßig wenige Strafen gegen Unterweltler verhängt werden.

Am 7. März 1952 zitiert Kressmann Mitglieder von Südost ins Rathaus und warnt sie, die Bevölkerung weiterhin zu beunruhigen. Der Vereinsboß war zwei Wochen zuvor wegen fortgesetzter strafbarer Handlungen im Zusammenhang mit Schlägerei vorübergehend festgesetzt worden. Das wiederholte sich mehrmals; einmal wurde er irrtümlich aus der Haft entlassen.

Um sich selbst ein Bild zu machen, besucht der Bürgermeister mit dem Spitznamen Texas-Willy eine offizielle Vereinssitzung und hält den Ganoven eine Standpauke. Er werde energisch einschreiten, wenn der Verein fortfahre, Anlaß zur

Klage zu geben. Die Warnung verfehlt eine Zeitlang nicht ihren Zweck. Die Welle der Gewalt-
tätigkeit flaut ab. Dafür steigt die Zahl der leiseren
Delikte: Diebstahl und Einbruch.

Im November 1952 unternimmt die Polizei eine
Razzia im Vereinslokal Manteuffelstraße. Mit ge-
ringem Erfolg. Die Beamten finden unter den Tischen zwei Dietriche und drei Schlagringe. Wem
die gehören? Entrüsteter Chor der Ringbrüder:
„Keine Ahnung, wer uns die unterjubeln wollte!"
Um Harmlosigkeit zu demonstrieren, läßt sich –
nach Jahren! – der Verein am 5. Januar 1954 amtlich registrieren.

Doch schon bald endet der Burgfrieden mit dem
Bürgermeister. Eine neue Häufung von Wirts-
hausschlägereien, Erpressung, Nötigung macht
sich bemerkbar. Als eine letzte persönliche Warnung an die Adresse von Hirschfeld nicht fruchtet,
wendet sich Kressmann an die Öffentlichkeit. Der
Polizei hält er Passivität gegenüber der er-
schreckend zunehmenden Gewalt vor: Denkt
daran, eine Bürgerwehr gegen das Verbrecherunwesen aufzustellen!

Südost im Visier der Polizei

Kressmanns Appell läßt die Polizeizentrale Frie-
senstraße hellhörig werden. Im März 1955 wird
eine Sonderkommission Ringvereine zusammengestellt. Aufgabe der sechs Kriminalbeamten: Ob-
servation und Erfassung; Überprüfung unaufge-

klärter Straftaten, die von Ringvereinen begangen sein könnten; Ermittlungen über Druck auf Geschäftsinhaber zur Entrichtung von Abgaben; Ermittlungen, ob Vereine durch Zuhälterei Prostituierten Schutz gewähren.

Tag und Nacht sind nun Lokalstreifen auf den Beinen, um Zeugen und Geschädigte aufzutreiben, sie zur Aussage zu bewegen. Aus den anfänglich spärlichen, oft widerwilligen Bekundungen fügt sich nach und nach das Bild eines Verbrechervereins übelster Sorte zusammen.

Jetzt folgt Schlag auf Schlag. Am 4. April 1955 wird von Amts wegen Anzeige gegen Vorstand und Mitglieder von Südost wegen Gründung und Förderung eines Unterweltvereins erstattet. Drei Tage später ergeht erneut Haftbefehl gegen Hirschfeld. Am 14. April werden bei 35 besonders aktiven Südostlern Haussuchungen zur Sicherstellung von Vereinsunterlagen durchgeführt.

Nun verlassen die Ratten das sinkende Vereinsschiff. Zahlreiche Ringbrüder erklären ihren Austritt, distanzieren sich, packen bei der Polizei aus. Auch beschützte Gastwirte und manches Opfer der Rollkommandos fassen nun Mut. Die Aussagen führen am 2. Juni zur Verhaftung des als besonders brutal bezeichneten Schläger-Trios Wandrach, Salling und Fuhrberg.

Im Vereinslokal Manteuffelstraße gehen die Lichter aus. Als sich die Bruderherzen am 31. März dort versammelten, ahnte keiner, daß es die letzte ordentliche Vereinssitzung ist. Nach Hirschfelds Verhaftung trommeln seine Vertrauten Wandrach und Salling – kurz vor ihrer Verhaftung

– in einem Vereinslokal in der Reichenberger Straße noch dreimal das dahinschmelzende Häuflein zusammen. Ein geplantes viertes Treffen kommt nicht zustande: Der Wirt droht mit der Polizei. Bis in den Spätherbst bemüht sich der Alt-Ringbruder Franz Czarzynski den kläglichen Rest unter dem Zaucherbanner zu halten. Er will den Verein neu aufbauen, stellt dafür seine Wohnung als künftiges Zentrum zur Verfügung. Vergebliches Bemühen. Im November 1955 treffen sich die wenigen, die bis zum Ende ausharren wollen, im Lokal Neugebauer, Görlitzer Straße, zur Aufteilung der Vereinskasse unter die Hinterbliebenen. Reichtümer erben sie nicht. Es sind nur noch 35 Mark.

Der Schlußakt von Südost steht freilich noch aus. Der beginnt nach ausgedehnten und umfassenden Ermittlungen erst am 7. Januar 1957 und wird fast drei Monate in Anspruch nehmen. Ort der Handlung ist die 2. Große Strafkammer in Moabit. Die Anklage gegen Südost-Boß Hirschfeld und sechzehn seiner Spießgesellen füllt mehr als zweihundert Aktenseiten: Zugehörigkeit zu einer verbrecherischen Organisation; gefährliche Körperverletzung bei organisierten Schlägereien durch Rollkommandos; Nötigung; Erpressung; Zechbetrug.

Sechzehn der nachgewiesenen 42 Fälle von gefährlicher Körperverletzung gehen allein auf das Konto von Hirschfeld, der seiner siebzehnten Strafe entgegensieht. Die Komplizen des Königs der Unterwelt sind ebenfalls keine Unschuldslämmer: Auf der Anklagebank sitzen insgesamt 56 Jahre Zuchthaus, 137 Jahre Gefängnis und 88 Jahre

Ehrverlust. Zwölf der Hirschfeld-Kumpane bringen es zusammen auf 95 Vorstrafen. Spitzenreiter ist der 2. Vereinsvorsitzende Werner Leuendorf mit siebzehn.

Sensationen wie beim Immertreu-Prozeß 29 Jahre zuvor sind kaum zu erwarten, sieht man von der Anwesenheit des Bezirksbürgermeisters als geladenen Zeugen ab. Es treten keine Staranwälte auf, die das Tribunal in eine Szene verwandeln könnten; nur Pflichtverteidiger, die den Steuerzahler je Gerichtstag 700 DM kosten. Und ihre Mandanten – Alter zwischen 22 und 55 Jahre – sind nur Karikaturen der Ehrenwerten von 1929; Raubgesindel übelsten Schlages. Dennoch gibt es in dem Prozeß bisweilen Szenen, die an das Immertreu-Verfahren erinnern – bei der Vernehmung mancher der 115 Zeugen. Sie verniedlichen oder bestreiten glattweg frühere Aussagen. Ein typischer Auftritt:

Vorsitzender: „Ihre Aussagen sind doch von Ihnen gelesen, genehmigt und unterschrieben worden?"

Zeuge: „Wissen 'se, ick hatte meine Brille vajessen!"

Prompte Einmischung von Hirschfeld: „Seh'se, Herr Direktor, prügeln, Rollkommando, Erpressungen. Und nun? Kein einziger von den Leuten kann sagen, daß er mal verprügelt worden wäre. Aber dann geh'n da so Gerüchte um von dem ‚reitenden Boten des Königs' . . ."

Vorsitzender: „Haben Sie sich so gefühlt?"

Hirschfeld (theatralisch): „Aber nich doch, nein, Herr Direktor!"

Für Landgerichtsdirektor Dr. Franke, der den Prozeß – wie es in der Presse heißt – „in seiner humorvollen Art" leitet, ist Hirschfeld kein unbeschriebenes Blatt. Er kennt ihn seit Jahren, und auch die Spitznamen der anderen Missetäter sind ihm geläufig. Um darzustellen, was es mit Ringvereinen auf sich hat, läßt er einen Veteran zu Worte kommen – in einer „unterhaltsamen Stunde zwischen Dichtung und Wahrheit", schreibt Der Tag.

Franz Czarzynski, mit 55 Jahren der älteste der Angeklagten, war von 1925 bis 1933 Vorsitzender des Ringvereins Hand in Hand. Bis 1927 handelte er sich zehn Vorstrafen ein, 1947 die elfte für ein Wirtschaftsvergehen. Der Experte – graumeliertes Haar, von hoher Statur, gehbehindert – eröffnet sein Kolleg formvollendet: „Herr Präsident, meine Damen und Herren!" Und dann entwirft er brav und bieder das Bild einer Gemeinschaft gefallener Engel, die – in Umkehrung des Goethe-Wortes – „stets das Gute will und stets das Böse schafft".

Sein Verein, referiert der altgediente Ringbruder, habe das Ziel gehabt, „strafentlassene Kollegen in Arbeit und Brot zu bringen, außerdem der Freundschaft, der Geselligkeit, der Fidelitas und der Harmonie unter den Mitgliedern zu dienen". Mit Rührung in der Stimme erinnert er sich der bierseligen Vereinsvergangenheit: „Vor allem Beerdigungen sind in besonders würdiger Form begangen worden."

Niemals aber sei es Zweck des Vereins gewesen, Straftaten vorzubereiten oder gar zu verüben: „Natürlich ist ab und zu auch einmal etwas vorgekommen. In diesem Fall haben wir uns jedoch nicht von den Gestrauchelten abgewandt, sondern ihnen aus der Vereinskasse einen guten Verteidiger gestellt und auch während der Strafverbüßung unterstützt. Aus diesem Grunde, Herr Rat, hatten wir kein Interesse daran, daß unsere Brüder wieder straffällig wurden, weil das schließlich die Kasse zu sehr belastet hätte."

Hier hakt Dr. Franke ein: „Fünfzig Pfennige Vereinsbeitrag waren doch wohl aber nicht ausreichend, um einen guten Verteidiger zu bezahlen?"

Czarzynski, salbungsvoll: „Herr Rat, Sie werden es mir nicht glauben, daß ich als Kellner damals zehn ‚Taler' am Tag verdient habe. Na ja, fünf Mark gab der eine, fünf der andere, und noch zehn weitere Kollegen, und dann waren die Kosten schon fast bezahlt. Außerdem wurde uns viel Geld gespendet . . ."

Dr. Franke: „Vielleicht von Gastwirten?"

Czarzynski, gekränkt: „Wenn Sie meinen, wir hätten Gastwirte terrorisiert, befindet sich Herr Rat in einem großen Irrtum!"

Dieser wird allerdings durch die Fakten widerlegt. So wurden von einem Gastwirt am Kottbusser Tor von Hirschfeld unter Gewaltandrohung 280 DM als Darlehen erpreßt. Nach der bewährten Methode Druck ohne Worte zogen die Kassierer bei Geschäftsleuten Spenden für eine Dampferfahrt zum Stiftungsfest von Südost im Mai 1954 ein.

Der Hauptangeklagte sieht das alles nicht so verbissen. „Es ist nun so gekommen" erklärt er nachsichtig dem Gericht, „daß wir aufgrund der ausgeführten Handlungen, deutlich gesagt, übermütig wurden und wir uns selbst schon praktisch als Polizei fühlten. Hierbei ist es dann auch zu Übergriffen gekommen."

Auch gegenüber von Bruderherzen, wie ein Zeuge dem Richter erzählt: „Mir hat er mal mit 'nem anderen Vereinsbruder in een Lokal jeschickt, wo wir beede Rabatz anfangen sollten, um in Ufftrage der Konkurrenzkneipe die Jäste zu vajraulen. Später wollte er mit zwanzich andere Brüder kommen und den janzen Laden in 'ne explodierte Tischlerwerkstatt verwandeln, hatt' er jesacht. Det klappte aber nich, weil unser Streit künstlich war und die Jäste uns rausschmissen, bevor Hirschfeld anrückte. Dafür hat er mir zur Belohnung 'nen Ziejelstein über'n Kopp jedroschen."

Der so Beschuldigte fällt ein: „Ohne solche kleenen Zurechtweisungen kann man doch so'ne komplizierte Orjanisation nich steuern, Herr Direktor. Engel waren in ,Südost' nich drinne, mit denen man Jubelstunden abhalten konnte."

In der Schlußphase des Prozesses wird er sich noch steigern: „Es war kein Sparverein, es war ein Saufverein!"

Bis es dazu kommt, zersplittert die anfangs so selbstsichere Phalanx der Ganoven. Es herrscht kein Korpsgeist mehr. Vergessen das Motto Einigkeit macht stark, und auch das bindende Bruderwort. Jeder sucht die eigene Haut zu retten, alle Schuld auf den Anführer zu schieben. „Der hat doch sogar für die Amis spioniert", schimpft einer.

Im April 1957 wird in Moabit das Urteil gesprochen: Der Spar- und Lotterieverein Südost ist als kriminelle Vereinigung verboten und aufgelöst. Sieben Jahre Zuchthaus für den Gründer und Rädelsführer Hirschfeld. Ins Zuchthaus und Gefängnis wandern auch die übrigen sechzehn aus der Vereinsszene.

Der König der Unterwelt starb einsam

Dem Recht ist Genüge getan. Allerdings nicht kritiklos. Im Kurier vom 11. April 1957 lautet das Fazit: „Unter allen Prozessen seit dem Kriege war der gegen den Sparverein ‚Südost' der umfangreichste, zugleich aber auch der dümmste. So mancher nüchterne Betrachter hatte das Empfinden, es würde hier mit Kanonen nach Spatzen geschossen." Die Zeitung benennt einige Ursachen: „Man kann allen zuständigen Verwaltungsinstanzen und der Polizei den Vorwurf schwerer Nachlässigkeit nicht ersparen . . . Zwei Jahre lang hat niemand daran gedacht, den Paragraphen 129 Absatz 2 (Zugehörigkeit zu verbrecherischen Organisationen betreffend – d. A.) auf den Sparverein ‚Südost' anzuwenden, obwohl dieser ständig von sich reden machte und obwohl jeder wußte, daß er eine Art Rausschmeißergewerkschaft war. Herr Kressmann hat den Verein besucht, hat Hirschfeld bei sich empfangen. Die Polizei unterhielt recht gute Beziehungen . . . Heute duldet man noch wohlwollend einen solchen Verein, morgen gibt es Zuchthaus."

Die Polizei zieht aus den Vorwürfen Lehren. Ein Ergebnis ist die Einrichtung einer zentralen Schlägerkartei in Sachen Mord, Totschlag, Notzucht, Raub, Körperverletzung, Landfriedensbruch, Brandstiftung, Diebstahl, Erpressung, Bedrohung, Nötigung, Hausfriedensbruch und grober Unfug. 1958 sind darin schon 30 000 männliche und 4000 weibliche Straftäter erfaßt; dazu 6000 männliche und 400 weibliche Jugendliche.

Die Maßnahme beruht nicht zuletzt auf einem Vorbericht der Kriminalpolizei, aus dem hervorgeht: „,Südost' ist nach den Ermittlungsergebnissen eine Vereinigung, die ihr Ziel darauf richtete, strafbare Handlungen zu begehen ... Bei den Ermittlungen wurde bekannt, daß Vereinsmitglieder, die zur Zeit in Strafhaft einsitzen, im Gefängnis darüber Absprache gehalten haben, daß sie nach der Haftentlassung einen ,besseren Verein' aufziehen wollen."

Dazu sollte es nicht mehr kommen. Der gefährlichste Ringverein der Nachkriegszeit in Westberlin zerbrach. Er lebte nur noch im Kreis einiger Stammtischrunden fort, bis sich auch diese nicht mehr zusammenfanden.

Der König der Unterwelt, Gerhard Hirschfeld, wurde 1963 nach Verbüßung seiner Strafe aus dem Zuchthaus entlassen. Er schlug sich als Gelegenheitsschauspieler, Geschäftsführer von Nachtlokalen und Spirituosenhändler durch. 1972 starb er, 51 Jahre alt, an einem Gallenleiden. Arm und einsam.

Auf dem St.-Thomas-Friedhof in Neukölln gab es keine Trauereskorte in Frack und Zylinder; keine Vereinsbanner, Prachtkränze und Männerchöre. Kein „anständjet Bejräbnis" im Sinne von Muskel-Adolf, dem Immertreu-Boß. Dem braunen Sarg 3. Klasse folgten nur fünf Personen: Hirschfelds geschiedene Ehefrau mit Tochter, seine letzte Freundin, eine Schwägerin, die Bewährungshelferin.

Hirschfeld hatte alles in allem ein Drittel seines Lebens hinter Gittern verbracht. Dort entsann man sich seiner als angenehmen Gast: „Er war höflich, immer gut gelaunt, sang im Kirchenchor das ‚Ave Maria' so glockenrein, daß uns die Tränen kamen", lautete der Nachruf eines Wärters.

Der einstige Südost-Kumpan Messer-Bill war da völlig anderer Meinung: „Wenn der sich ooch noch politisch betäticht hätte, wär' der een kleener Hitler jeworden . . ."

Mit Gerhard Hirschfeld schloß das Kapitel Ringvereine in Berlin. Er nannte sich zwar einen König der Unterwelt, doch war er nur ein kleiner Ganove, wie alle anderen, die mit ihm auszogen, das Erbe der einst fast allmächtigen Bruderherzen anzutreten. Kleinbürgeridylle und verirrtes Klassenbewußtsein paßten nicht mehr in die Zeit.

Das Zaucherbanner von „Südost" wanderte mit anderen Relikten der Unterwelt in die Polizeihistorische Sammlung am Platz der Luftbrücke.

Die Ringvereine sind nur noch ein Stück Berliner Geschichte. Das organisierte Verbrechen in dieser Stadt hat andere Formen und Dimensionen angenommen.

Die Organisation
der Berliner Ringvereine bis 1933

GROSSER RING BERIN

Geselligkeitsverein und Sportclub Immertreu von 1921
Spar- und Geselligkeitsverein Libelle 1922
Geselligkeitsverein Königstadt 1889
Geselligkeitsverein Friedrichstadt
Geselligkeitsverein Berolina
Vergnünungsverein Glaube, Liebe, Hoffnung 1890
Vergnügungsverein Louisenstadt (historische Schreibweise)
Männergesangverein Norden 1891
Lotterie- und Männergesangverein Felsenfest 1924
Spar-Club Centrum

FREIER BUND BERLIN (soweit bekannt)

Geselligkeitsverein Fidele Brüder
Geselligkeitsverein Südost
Geselligkeitsverein Einigkeit
Geselligkeitsverein Alt-Rixdorf
Geselligkeitsverein Lustige Brüder
Geselligkeitsverein Alte Freunde
Lotterieverein Friedrichshain
Sportclub Rosenthaler Vorstadt
Sportclub Deutsche Kraft 1895
Männergesangverein Heimatklänge

FREIE VEREINIGUNG BERLIN (soweit bekannt)

Geselligkeitsverein Hand in Hand
Geselligkeitsverein Nordring
Geselligkeitsverein Bruderhand
Geselligkeitsverein Nordpiraten 1926 – Santa Fé
Geselligkeitsverein Treue Freunde
Geselligkeitsverein Westen
Geselligkeitsverein Die Goldene 13
Geselligkeitsverein Edelweiß
Geselligkeitsverein Freiheit
Geselligkeitsverein Zukunft
Geselligkeitsverein Atlantic

Gesellikeitsverein Oleander
Gesellikeitsverein Harmonie
Gesellikeitsverein Roland-Eiche
Gesellikeitsverein Alt-Berlin
Gesellikeitsverein Nordost
Gesellikeitsverein Lose Nord
Gesellikeitsverein Glücksstern
Gesellikeitsverein Arcona
Gesellikeitsverein Frisch auf
Vergnügungsverein Osten 1909
Wanderclub Apachenblut
Wanderclub Lustig Eiche
Loge Deutsche Eiche
Loge Lichtenberger Freunde

Ringvereine im Gebiet
der Weimarer Republik bis 1933

Braunschweig:
Kegelclub Leu

Bremen:
Sp.V. Weserperle

Breslau:
Sp.V. Bruderhand
Sp.V. Roland
Sp.V. Steinadler

Chemnitz:
Sp.V. Fortuna
Sp.V. Die Unken
Sp.V. Kleeblatt

Dortmund:
Skatverein Fidele Jungens

Dresden:
Sportclub Dresden
Sp.V. Schwarzer Ring
Sportclub Deutsche Kraft

Halle:
Sportclub Zufriedenheit
Kegelclub Einigkeit
Kegelclub Grün-Rot

Hannover:
Sportclub Roland
Kegelclub Unter Uns
Sp.V. Einigkeit
Sp.V. Teddibär

Kassel:
Sp.V. Hessen-Kassel

Leipzig:
Kegelclub Unter Uns
Sp.V. Altstadt
Sp.V. Alte Treue
Sp.V. Centrum
Skatverein Treff-As
Skatverein Rotschwänzchen

Magdeburg:
Sp.V. Harmonie 1928

Unterweltvereine im Westen Berlins 1949–1960

Spar- und Lottoverein West
ca. 25 Mitglieder; 1949–1960 (Selbstauflösung).
Spar- und Lotterieverein Südost
ca. 70 Mitglieder; 1951–1957.
Vergnügungs- und Sparverein Louisenstadt
ca. 20 Mitglieder; 1952 (Selbstauflösung).
Lottoverein Nord
12 Mitglieder; 1954–1955.

Zitierte und weiterführende Literatur

Behr, Hermann: Die Goldenen Zwanziger Jahre, Hamburg 1964.

Döblin, Alfred: Berlin Alexanderplatz, Berlin 1963.

Edition Jule Hammer: Berliner Sitte(n), Berlin 1981.

Engelbrecht, Ernst: 15 Jahre Kriminalkommissar, Berlin o. J.

Engelbrecht, Ernst und Heller, Leo: Berliner Razzien, Neu-Finkenkrug bei Berlin 1924.

Dr. Frey, Erich: Ich beantrage Freispruch, Hamburg 1959.

Friedrich, Otto: Weltstadt Berlin, München 1973.

Holmsten, Georg: Berlin in alten und neuen Reisebeschreibungen, Düsseldorf 1989.

Hildenbrandt, Fred: . . . ich soll dich grüßen von Berlin, München 1966.

Kogon, Eugen: Der SS-Staat, Berlin 1947.

Kranz, Erich: Budiken, Kneipen und Destillen, Berlin 1970.

Malzacher, Werner W.: Berliner Gaunergeschichten, Berlin 1970.

Rieß, Curt: Joseph Goebbels, Baden-Baden 1950.

Ruland, Bernd: Das war Berlin, Bayreuth 1985.

Sling: Richter und Gerichtete, Berlin 1929.

Szatmari, Eugen: Berlin, München 1927

Worm, Hardy: Mittenmang durch Berlin, Berlin 1981.

Dem vorliegenden Buch liegen weitgehend zeitgenössische Aufzeichnungen, Zeugnisse und Presseberichte zugrunde. Der besondere Dank des Autors gilt Frau Dr. Bärbel Schönefeld für die Auswertung der Materialien der Polizeihistorischen Sammlung Berlin.

INHALT

Frank Schumann

Die Szene

Neue Geschichten
aus dem Scheunenviertel

Arnold, der Jude. Loock, der junge Galerist. Roswitha, die Autostricherin aus dem Osten. Kellotat, der Polizist aus dem Westen. Evchen, die Seifenladenbesitzerin. Hennig, der mittelständische Unternehmer. Sympathische Typen bevölkern das Berliner Scheunenviertel. Einst war das ein Durchgangsquartier für Juden aus Osteuropa - Elendsviertel und Lasterhöhle zugleich. Nun hat es eine neue unverwechselbare Szene vorzuzeigen: eine Mischung von Künstleroase, Amüsierbetrieb und Hinterhofmilieu. Auch die Abzocker und Voyeure sind schon da: Schickimicki, Immobilienhaie, das Rotlichtmilieu...

188 Seiten • 15 Fotos • Gebunden mit Schutzumschlag
ISBN 3-355-01389-7

VERLAG NEUES LEBEN

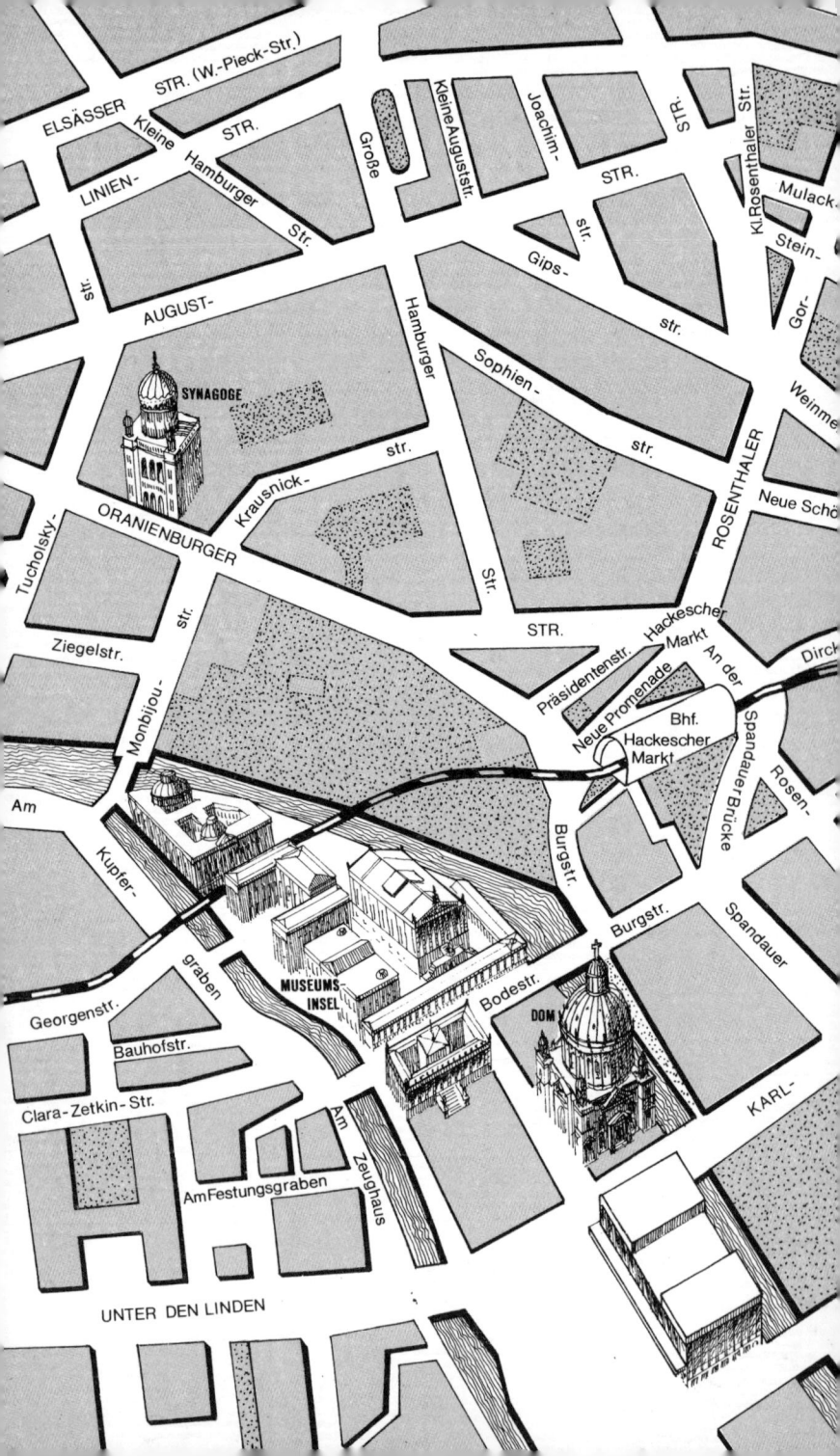